101 Dinge
die ein
Weltenbummler
wissen muss

Aylin und Stefan Krieger

BRUCKMANN

Inhaltsverzeichnis

>> Reisen ist viel mehr als das Abklappern von Sehenswürdigkeiten. Man erhält tiefgründige Inspirationen für das eigene Leben. Mit jedem Schritt lernt man etwas Neues – vor allem über sich selbst. <<

Vorwort

101 Weltenbummler-Erfahrungen
Oder: Reisen fängt im Kopf an

Es waren nur wenige Wochen vergangen, als wir unseren Plan über den Haufen warfen. Ein Jahr wollten wir ursprünglich reisen, doch wir waren langsamer als geplant. Und überall wo wir ankamen, taten sich plötzlich neue Ziele auf. Neue Abenteuer und Verlockungen. Je länger man reist, desto größer wird die Welt. Also ein Anruf bei unserem Untermieter in Deutschland: Hältst du es noch weitere sechs Monate aus? Ein Glück – es konnte weitergehen! Wir nahmen uns die  Zeit, vor Indonesiens entlegenen Inseln mit Schildkröten zu schnorcheln, wochenlang durch das Himalayagebirge zu trekken, und wir legten mehr als 10 000 Kilometer von der kolumbianischen Karibikküste bis ins eisige Feuerland zurück.

Unterwegs lernten wir viel Nützliches über unsere Welt. Wir wissen nun was zu tun ist, damit der Roadtrip durch Australien bezahlbar bleibt, welchen sogenannten Sehenswürdigkeiten man ruhig fernbleiben kann oder was einen Traumstrand ausmacht. Und wir lernten in den eineinhalb Jahren unheimlich praktische Dinge: Wie organisiere ich eine Langzeitreise? Wie verhalte ich mich im Notfall? Und was macht man eigentlich gegen Bettwanzen?

All diese praxiserprobten Erfahrungen sind in dieses Buch geflossen. Natürlich ist es schwierig bis unmöglich, zu jedem komplexen Thema vollständige und weltweit gültige Ratschläge zu geben. Darum weisen wir auf regionale Besonderheiten oder weiterführende Recherchen an manchen Stellen hin.

Neben einer geballten Ladung handverlesener Tipps wollen wir auch zum Nachdenken und Mitdiskutieren einladen: Wie revolutionieren

Himalaya: eine Station von vielen einer langen Reise

Smartphones und das Internet unsere Art zu reisen? Was macht überhaupt ein Abenteuer aus? Wie traumhaft ist das Reiseleben wirklich? Insgesamt 101 Themen haben wir sorgfältig ausgewählt, zur Information und Unterhaltung gleichermaßen. Reisen ist subjektiv – wie wir die Welt wahrnehmen, uns in ihr bewegen, das ist so individuell, wie wir es selbst sind. Dieses Buch ist daher auch Ausdruck von unserer eigenen ganz persönlichen Haltung. Eins aber ist sicher: Unsere Erfahrungen und Wissen sollen ermutigen, den Traum vom Reisen zu leben und eher heute als morgen dem Fernweh nachzugeben.

Wir wünschen eine aufregende Reise!
Aylin und Stefan Krieger

Abenteuer

Oder: Es wartet im Unbekannten

Warum reisen wir? Die Antwort darauf dürfte wohl bei jedem Menschen anders ausfallen. Unter den Begriff »Reisen« fallen die unterschiedlichsten Vorstellungen darüber, was man eigentlich konkret tut, sobald man die Tür hinter sich zugezogen hat und in die Ferne aufbricht.

Und doch lassen sich möglicherweise zwei höchst unterschiedliche Reisetypen ausmachen. Dem einen wird es ausreichen durch ein paar sehenswerte Orte zu schlendern, gutes Essen zu genießen und etwas Abstand vom Alltag zu gewinnen. Durchaus nachvollziehbar. Dem anderen reicht das nicht ganz. Er möchte seiner Reise eine weitere Dimension hinzufügen. Jeder kennt es, dennoch besteht bestenfalls eine vage Übereinkunft darüber, was überhaupt damit gemeint ist: Es soll ein waschechtes Abenteuer werden. Aber was muss denn nun genau passieren, damit man von einem Abenteuer sprechen kann?

Das Abenteuer fängt da an, wo Bekanntes aufhört.

Nun, man könnte jetzt einfach einen raushauen und sagen, dass das Abenteuer am Ende der Wohlfühlzone anfängt. Das klingt ein bisschen nach diesen abgedroschenen Sprüchen, die gern mal auf Kühlschrankmagneten stehen. Wenn man kurz darüber nachdenkt, beschreibt er aber sehr gut die Subjektivität eines Abenteuers, denn die Wohlfühlzone hört bei jedem Menschen woanders auf. Mal etwas überspitzt formuliert: Der eine wird es als abenteuerlich empfinden, bei seinem Stammitaliener anstelle der bewährten Schinken-Käse-Tortellini mal die Lasagne zu testen, der andere wiederum bleibt gelassen, auch wenn er mit verbundenen Augen im Dschungel ausgesetzt wird. Wie überträgt sich das auf das Reisen? Das Abenteuer fängt da an, wo das Bekannte aufhört. In dem Moment, in dem man nicht mehr auf Erfahrungen zurückgreifen kann. Situationen, die gleich auf verschiedenen Ebenen neuartig sind, werden von Weltenbummlern gemeinhin als abenteuerlich beschrieben. Wenn man in der Fremde ankommt, ohnehin mit offensichtlichen Neuerungen wie anderen Währungen, Sprachen oder Linksverkehr beschäftigt ist und darüber hinaus die sozialen Normen nicht kennt und Absichten der fremden Menschen kaum einschätzen kann. Dieses mulmige Gefühl, wenn man als Fremder von allen Seiten angesprochen wird und filtern muss: Wer meint es gut mit mir, wem kann ich vertrauen? Man nähert sich Menschen an, lächelt viel und hangelt sich wie bei einer Schnitzeljagd voran. Auch andere, nahezu existentielle Fragen beschäftigen einen dann: Werde ich eine Unterkunft finden? Gibt es hier etwas Vernünftiges zu essen? Der eine wird sich dabei recht souverän bewegen, der andere heulend zusammenbrechen, da ihn der Entzug von Vertrautem nervlich zu sehr belastet. Wie weit man also in »das Unbekannte« vordringen möchte, sollte jeder für sich entscheiden. Das Gute an diesen Momenten ist: Man wächst daran. Handeln und Denken sind synchronisiert, man ist voll »bei sich« und wird in diesen Momenten, auch wenn sie frustrierend sein können, über sich hinauswachsen. Hinterher ist man stolz auf sich. Das macht ein waschechtes Abenteuer aus!

Fazit: Nicht Bungeesprünge oder Ziplining sind Reiseabenteuer (auch wenn das höllisch Spaß machen kann), sondern der Gang ins Unbekannte. Hier spielt sich alles ab: Man scheitert und man rappelt sich auf. Mal triumphiert man, mal gibt man sich frustriert geschlagen. Doch am Ende des Tages wird man gewachsen sein, und es entstehen Erinnerungen fürs Leben.

2 Abzocke

Oder: Wie man einen schlechten Deal entlarvt

Zugegebenermaßen ein etwas drastischer Begriff. Eigentlich wollten wir ja die Emotionen rund um dieses Thema etwas herausnehmen, zu Gelassenheit raten und ein paar nützliche Tipps geben. Also, wer durch die Welt tingelt, wird unabdinglich in Situationen kommen, in denen er sich mit unseriösen Angeboten konfrontiert sieht oder einfach mal eine viel zu hohe Rechnung für eine Dienstleistung aufgebrummt bekommt. Wie geht man damit um?

Hier eine Vorüberlegung: Es gibt Reisende, die sich damit abfinden, in der Fremde etwas mehr als die Einheimischen zu bezahlen. Schließlich verdienen wir nun mal für die gleiche Arbeit ein Vielfaches von dem, was Menschen in vielen Zielländern (ja, vor allem in den Ländern, die für uns so »schön günstig« sind) verdienen. Daher ist es nur gerecht, wenn wir einen gewissen Aufschlag bezahlen. Wer sich mit dieser Theorie anfreundet, braucht nicht mehr weiterzulesen.

Wer aber sagt »gleiches Geld für gleiche Leistung«, dem seien folgende Tipps ans Herz gelegt:

- Preise für Transport jeglicher Art immer *vor* der Fahrt erfragen und gegebenenfalls verhandeln. Wenn die Fahrt schon vorbei ist, steht man dumm da, wenn plötzlich ein Mondpreis veranschlagt wird.
- Fragen, was die Einheimischen bezahlen. Es ist nichts Schlimmes dabei, auf *locals* zuzugehen und zu fragen, wie viel eine Busfahrt/Mahlzeit/Maut/Tour oder was auch immer gewöhnlich kostet. Daran kann man sich nachher orientieren.
- Verhandeln: Oft ist ein hoher Einstiegspreis überhaupt nicht böse gemeint, sondern markiert vielmehr den Startpunkt für eine → Verhandlung. Also nicht gleich beleidigt abziehen, sondern in den Handel einsteigen.

- Vergleichen und nicht gleich zuschlagen. Bei größeren Touren ruhig mehrere Anbieter fragen, um einen Eindruck von den Preisen zu bekommen.
- Unseriöse Angebote filtern: Wenn man beispielsweise die berühmt-berüchtigte Tuk-Tuk-Stadtrundfahrt für einen Euro angeboten bekommt, sollte man wissen, dass man sich auf eine unschöne Kaffeefahrt zu allen möglichen Händlern einlässt. Grundsätzlich sollte man also Angebote, die zu schön sind, um wahr zu sein, mit Vorsicht genießen.

Afrika

Oder: Mehr Natur gibt's nirgends

Afrika, das ist ein kleines Wort für einen riesigen Kontinent. Die Vielfalt Afrikas ist atemberaubend – sowohl kulturell als auch landschaftlich. Und dann wäre da ja noch das Reich der wilden Tiere!
Die nordafrikanischen Länder Ägypten, Tunesien und Marokko sind touristisch bereits bestens erschlossen. Südafrika, Kenia oder Uganda stehen ebenfalls weit oben auf der touristischen Agenda. Und trotzdem hat Afrika nach wie vor ein Imageproblem, wird der Kontinent doch oft mit Krieg, Armut und Krankheit in Verbindung gebracht.
Bedauerlicherweise muss man festhalten, dass es tatsächlich echte Probleme auf dem afrikanischen Kontinent gibt. Das Aber: Sie betreffen eben nur bestimmte Regionen. Würde man eine Reise nach Prag absagen, weil es Unruhen in der Ukraine gibt? Eben! 2014 führte der Ausbruch der Ebola-Epidemie in Westafrika zu einem massiven Einbruch der Touristenzahlen auf dem gesamten Kontinent. Dabei liegen zwischen den betroffenen westafrikanischen Ländern und beispielsweise Botswana oder Südafrika zwischen 4000 und 5500 Kilometer. Zum Vergleich: Berlin und Madrid trennen dagegen nur 2100 Kilometer. Ein echter Weltenbummler zeichnet sich durch einen differenzierten und reflektierten Umgang mit der Welt aus. Afrika ist ein riesiger, teil-

weise noch vom Massentourismus verschonter Kontinent, der für jeden
→ Reisetyp etwas bereithält. Ein paar Anregungen:

Für Gipfelstürmer

Der Kilimanjaro (5895 m), genauer gesagt, der Uhuru Peak im Kilim-
anjaro-Massiv, ist der höchste Punkt Afrikas. Es gibt diverse Routen,
die auf den Gipfel führen. Das Gebirge befindet sich im Norden Tan-
sanias. Die technisch einfachste Route, die Marangu-
Route (auch »Coca-Cola-Route«), führt über den tropischen Regenwald hinauf durch Mondlandschaften und
Gletscherregionen. Für technisch erfahrenere Bergsteiger
gibt es auch anspruchsvollere und weniger bewanderte Strecken. Achtung: Die Höhe ist – unabhängig von der gewähl-
ten Route – nie zu unterschätzen (→ Höhenkrankheit).
Ein weiteres Highlight ist das junge Atlasgebirge. Es erstreckt
sich von Marokko über Algerien bis nach Tunesien. Der
höchste Gipfel des Gebirges, das Dach Marokkos, ist der Jebel
Toubkal mit 4167 Metern. Wüstenlandschaften und Berber-
dörfer prägen diese Region.
Die Grenze zwischen Südafrika und Lesotho wiederum bil-
den die Drakensberge. Bis zu 3482 Meter hoch ragen die
zerklüfteten und von Schluchten durchzogenen Erhebungen. Klare
Flüsse und Wasserfälle, Wildblumen und diverse Vogelarten besiedeln
diese Berglandschaft, die eine Hauptattraktion im südlichen Afrika ist.

Für Sonnenanbeter

Ägypten, Tunesien und Marokko sind bereits bekannte Reiseziele für
Pauschaltouristen, die sich gerne einen klassischen All-inclusive-Badeur-
laub am Mittelmeer gönnen. Marokko verfügt auch über eine beacht-
liche Surferszene. Weiße Sandstrände mit tropischen Palmen findet man
vor allem in Tansania, auf den Seychellen, auf Mauritius und Madagas-
kar, aber auch in Südafrika, Namibia oder Kenia.

Für Stadtentdecker

Auf den Spuren des 1001-Nacht-Mythos bewegt man sich in Marrakesch (Marokko). Immer mehr Weltenbummler machen Halt in dieser faszinierenden Großstadt: Einmal feilschen auf einem Souk, entlang der bedeutsamen Architektur aus dem 12. Jahrhundert flanieren (die Altstadt ist UNESCO-Weltkulturerbe) oder sich durch die unzähligen kulinarischen Highlights probieren. Langweilig wird es in Marrakesch nie.

Kapstadt ist seit Jahren sehr beliebt: Moderne Architektur, das vielfältige kulturelle Angebot mit einem pulsierenden Nachtleben, der Tafelberg und die Lage am Meer machen diese Stadt zu einem echten Sehnsuchtsort.

Festzustellen ist, dass die (Groß-)Städte auf dem afrikanischen Kontinent nicht auf den ersten Blick touristische Highlights sind. Gleichwohl macht sie dies auch spannend für den neugierigen Weltenbummler. Während New York, Paris, Sydney oder Buenos Aires touristisch bestens erschlossen (und manchmal eben auch überlaufen) sind, findet man in Lagos (Hauptstadt von Nigeria) oder Addis Abeba (Hauptstadt von Äthiopien) beeindruckende Megacities, deren kreative Subkulturen eine Entdeckungstour wert sind. Ist mal was anderes!

Kilimanjaro: der höchste Punkt Afrikas

Für Tierliebhaber

Safaris sind die »Königskategorie« Afrikas. Na, wer kann die Big Five nennen? Ganz genau: Elefant, Nashorn, Büffel, Löwe und Leopard. Die Aussicht, diese faszinierenden Tiere in ihrem natürlichen Lebensraum anzutreffen, lockt Weltenbummler in Scharen auf diesen Kontinent. Eine Safari in einem der Nationalparks ist gewiss eine besondere Erfahrung.

In Tansania befindet sich der Serengeti-Nationalpark, in dem Gnus und Zebras, aber auch Elefanten, Leoparden oder Rhinozerosse leben. Im Okavango-Delta in Botswana findet man neben Löwen und Elefanten auch Reptilien und Krokodile. Eine Besonderheit sind die riesigen Sumpfflächen, die durch den Okavango-Fluss entstehen und diese Region prägen. Wen es nach Namibia zieht, der sollte den Etosha-Nationalpark besuchen: Dort findet man Giraffen, Löwen, Zebras und Nashörner. Der bekannteste Park, der Krüger-Nationalpark in Südafrika, ist ebenfalls ein Hotspot für Tierliebhaber: Elefantenherden, Löwen, Krokodile und der Blyde River Canyon, eine beeindruckende Schlucht, ziehen Weltenbummler in seinen Bann. In Uganda zählen Gorilla-Safaris zum absoluten Highlight.

Okay, diese Liste ließe sich noch eine ganze Weile fortsetzen: Afrika hat über 300 Nationalparks! So langsam wird klar, wohin die Reise für Tierfreunde gehen sollte.

4 Alkohol

Oder: Fakten für trinkfeste Weltenbummler

Ein Kapitel über Alkohol? Wir alle haben bessere oder schlechtere Erfahrungen damit gemacht und wissen auch (meistens) ganz gut einzuschätzen, wie viel wir vertragen. Wenn man jedoch Alkohol und Reisen mischt, kann dabei ein durchaus wundersamer Cocktail entstehen. Hier ein paar Fakten zum Thema Alkohol im globalen Kontext:

- In vielen Regionen der Welt ist das Trinken von Alkohol in der Öffentlichkeit untersagt. Das gilt auch für Länder, wo man das möglicherweise nicht erwartet hätte, wie Kanada, Polen und Mexiko.
- In den USA geht es, je nach Bundesstaat, noch einen Schritt weiter: Teilweise darf Alkohol nur im Kofferraum des Autos befördert werden, und man kann ihn auch erst ab 21 Jahren kaufen. Wenn man als Gruppe in den »Liquor Store« geht und Hochprozentiges erstehen

möchte, werden alle nach dem Ausweis gefragt. Wenn auch nur einer davon unter 21 ist, haben alle Pech gehabt.

- Viele Muslime trinken aus religiösen Gründen keinen Alkohol. Das heißt nicht, dass in muslimischen Ländern kein Alkohol ausgeschenkt wird. Man sollte sich nur ein wenig informieren, wo, wann und in welcher Gesellschaft es in Ordnung ist, Alkohol zu trinken. In der Öffentlichkeit betrunken aufzufallen könnte als respektlos aufgefasst werden.

- Nirgends wird so viel Alkohol getrunken wie in Europa: Statistisch gesehen sind hier besonders Weißrussland, Moldawien, Litauen, Russland und Rumänien ganz vorne mit dabei.

- Hinter einem alkoholischen Getränk kann in manchen Regionen auch eine gewisse Geste stecken. Es ist ein Unterschied, ob man einen Kaugummi oder einen Schnaps angeboten bekommt: Letzterer ist häufig als Zeichen der Gastfreundschaft zu verstehen und sollte dann auch angenommen werden.

- Weltenbummler mit engem Budget und großem Bierdurst wird dies interessieren: Besonders teuer ist ein Bier in Norwegen, im Iran oder in Hongkong. Wesentlich günstiger kommt man in Polen, Indien oder Vietnam an eine Hopfenkaltschale.

Angst

5

Oder: Wie man das Kopfkino in den Griff bekommt

Wir Menschen sind Gewohnheitstiere und fühlen uns tendenziell auf unbekanntem Terrain nicht sonderlich wohl. Glücklicherweise wurden wir von Mutter Natur aber auch mit einer gegensätzlichen Eigenschaft, der Neugierde, ausgestattet – wäre dem nicht so, würde die Menschheit wohl noch in Höhlen leben. Zwischen jenen Menschen, die sich in ihrer gemütlichen Komfortzone wohlig eingerichtet haben und solchen, die diese immer wieder überschreiten (→ Abenteuer), liegt in der Regel gar kein so großer, äußerlich sichtbarer Unterschied. Das, was den Weltenbummler vom Pauschaltouristen unterscheidet, ist vor allem sein Umgang mit seiner eigenen Angst.

Ja, es gibt → Gefahren in der weiten Welt, doch sind diese wesentlich kleiner, als man es sich daheim ausmalt. Aber das eigene Kopfkino, das gerne das Worst-case-Szenario spinnt, ist ein mächtiger Spaßkiller. Zugegebenermaßen wird man von Negativschlagzeilen regelrecht bombardiert, und wer nach der Lektüre der Seiten des → Auswärtigen Amtes noch fröhlich die Packliste für eine Reise nach Mexiko durchgeht, ist schon ein hartgesottener Weltenbummler. Trotzdem gilt, man sollte sich nicht verrückt machen (lassen). Und wen die ängstlichen, gut gemeinten Warnungen der Freunde bei Verkündung des Urlaubsziels Marokko mal wieder in Erklärungsnot und anschließende Zweifel bringen, dem seien die folgenden Ratschläge ans Herz gelegt:

Only bad news are good news

Traurig, aber wahr: Der Steinzeitmensch in uns reagiert auf schlechte Nachrichten stärker als auf positive – schließlich muss man sich ja vor der nächsten Naturkatastrophe in Sicherheit bringen –, daher springen bei Weltuntergangsmeldungen alle Aufmerksamkeitsantennen an. Durch den Overload an Medienbeschallung im digitalen Zeitalter verdichten Nachrichtenredaktionen ihre Meldungen maßlos, und gern wird übertrieben, damit der Rezipient etwas von seiner kostbaren Aufmerksamkeit hergibt. Niemand interessiert sich dafür, dass heute wieder ein schöner, friedlicher Tag in Buxtehude oder Timbuktu war.

Die tägliche Bilderflut, gespickt mit Schreckensmeldungen, wirkt sich auf die menschliche Psyche aus, und man muss sich immer mal wieder bewusst machen, dass es neben den zahlreichen Krisenherden der Welt auch ganz viele friedliche, lebenswerte Orte gibt.

Die Macht des Unbekannten

Das Unbekannte kann furchterregend sein.

»Was der Bauer nicht kennt, frisst er nicht« – oder zumindest beäugt er dies skeptisch. Wieder kommt der Steinzeitmensch in uns zum Vorschein – man möchte ja nicht an einem giftigen Pilz sterben. Die einfache Formel »fremd = gefährlich« stimmt zwar nicht, ist aber eine erste menschliche Reaktion auf das Unbekannte. Eine gesunde Portion Vorsicht ist okay, man will ja nicht aus Versehen überschnell den Fliegenpilz vernaschen. Schade ist nur, wenn man sich dadurch neuer, toller Erfahrungen beraubt. Wenn man also beim Gedanken an eine Reisedestination Angst hat, sollte man dieser Furcht auf den Grund gehen und prüfen, ob sie einem Realitätscheck standhält.

Es ist okay, Angst zu haben

Und das ist es wirklich, auch wenn der Weltenbummler medial als furchtloser Indiana Jones stilisiert wird (und man dieser vielleicht auch gerne ab und zu sein möchte). Angst ist eine ganz basale, menschliche und profane Empfindung, und dies anzuerkennen ist bereits der erste und wichtigste Schritt, um sich ihr zu stellen. Wer sich bewusst macht, dass er Angst hat, verfällt nicht in klischeehafte Vorurteile (→ Postkolonialismus). Nein, der reflektierte Weltenbummler ist sich seiner eigenen, subjektiven Ängste bewusst und steuert entsprechend dagegen.

Je nachdem wie groß die eigene Komfortzone ist, kann man sich dann beispielsweise kleine Etappen setzen. Erfahrungen machen in diesem Fall nicht nur klug, sondern auch mutig.

6 Antarktis

Oder: Fifty Shades of Blue am Ende der Welt

Die Antarktis wird wohl von den wenigsten Weltenbummlern in ihre Reiseroute eingebaut. Das mag vor allem daran liegen, dass so eine Kreuzfahrt in das ewige Eis nicht ganz günstig ist. Manche reisen ein ganzes Jahr für das gleiche Budget quer über die restlichen Kontinente dieser Erde. Wobei man dazu sagen muss, dass in den Markt für Antarktis-Kreuzfahrten in den letzten Jahren reichlich Bewegung gekommen ist, was durchaus auch zu Preisvorteilen geführt hat.

Die Wüste und das Eis machen süchtig. Hat irgendwer mal gesagt. Für viele Menschen geht vom ewigen Eis eine ganz besondere Faszination aus. Die verschiedenen Blauschattierungen, diese kaum

Im Eisbrecher bis ans Ende der Welt

greifbaren Dimensionen und die Chance, Pinguinen einmal ganz nah zu sein, wirken extrem verlockend.

Antarktis-Kreuzfahrten starten in der Regel aus Patagonien – dem südlichsten Zipfel Südamerikas. Es gibt allerdings auch die Möglichkeit, direkt in Montevideo oder Buenos Aires abzulegen. Wer es bis nach Patagonien geschafft, die Kreuzfahrt in die Antarktis jedoch nicht mehr im Budget hat, dem sei als kleiner Trost folgender Tipp ans Herz gelegt: Am Perito-Moreno-Gletscher im Nationalpark Los Glaciares in Argentinien bekommt man einen Vorgeschmack von der Macht des Eises. Man kann aus sicherer Entfernung beobachten, wie immer wieder riesige Eisschollen aus dem 250 Quadratkilometer großen Gletscher geräuschvoll ins Wasser brechen. Ein irrer Anblick.

Arbeiten

Oder: … und dann das Vergnügen!

Von nix kommt nix. Na gut, ein ziemlich spaßbefreites Motto. Andererseits genießt man jene Dinge mehr, für die man etwas tun musste. Sorry, gleich noch ein neunmalkluger Spruch. Am besten steigen wir direkt ein: Wer nicht nur Couchsurfing betreibt, per Anhalter fährt und trockenes Brot isst, der benötigt zumindest ein wenig Geld, um zu reisen. Ein bewährter Ansatz ist, im Vorfeld in der Heimat zu arbeiten und etwas zu → sparen, dann hat man beim Reisen das Thema vom Tisch. Damit man unterwegs nicht plötzlich mit leeren Taschen da steht, sollte man im Vorfeld das benötigte → Budget kalkulieren. Eine smarte Lösung ist häufig, ein → Sabbatical mit seinem Arbeitgeber zu vereinbaren und so während der Auszeit finanziell versorgt zu sein. Und wenn man unterwegs Geld verdienen muss/möchte? Dazu gibt es im Ausland Dutzende Möglichkeiten. Wer eine fundierte Ausbildung oder ein Studium absolviert hat, kann womöglich mit diesen Kenntnissen auch in anderen Ländern als Koch, Pfleger, Ingenieur oder Buchhalter arbeiten. Sprachkenntnisse sind ebenso einsetzbar. Jene, die sportlich aktiv sind und gerne mit Menschen umgehen, finden in der Tourismusbranche schnell einen Job (z.B. als Animateur, Fitnesstrainer, Kinderbetreuer etc.). Oder man nutzt die Reise, um eine → Lizenz zu erwerben, mit der man später arbeiten kann (z. B. als Surf- oder Tauchlehrer, in einem SPA als Masseur oder Yogalehrer).

Natürlich gibt es auch ungelernte Tätigkeiten, die man relativ unkompliziert ausüben kann: als Kellner in der Gastronomie, Aushilfe im Hostel oder, der Klassiker in Australien, als Erntehelfer.

Für längere Reisen lohnt es sich zu überlegen, was man ortsunabhängig über das Internet machen kann. IT-Spezialisten können als Programmierer bzw. Webentwickler überall arbeiten, gleiches gilt für Texter und Fotografen. Auf sogenannten Crowdworking-Plattformen gibt es außerdem Mikrojobs, also kleine Aufgabenpakete, die man online erledigen kann. Diese werden auftragsbasiert vergütet. Zudem könnte man mit seinem heimischen Arbeitgeber prüfen, ob es Aufgaben gibt, die man online erledigen kann. Hier heißt es also: kreativ werden, es gibt mehr Möglichkeiten, als man denkt.

8 Armut

Oder: Gut gemeint ist oft nicht wirklich gut

Es ist ein Thema, das jeden Weltenbummler beschäftigt. Mehr als das. Es wühlt regelrecht auf, lässt einen fassungslos zurück: Die Ohnmacht gegenüber der Armut in vielen Regionen ist kaum auszuhalten. Nicht nur Indien- oder Kambodscha-Reisende haben es schon erlebt: bitterarme Straßenkinder, die einen kilometerweit bettelnd verfolgen. Die Situation ist in vielerlei Hinsicht deprimierend. Zum einen natürlich, weil man Mitgefühl verspürt, zum anderen aber auch, weil man selbst in eine schwierige Situation manövriert wird. Kaum eine Reaktion scheint in diesem Moment angemessen. Was immer man tut, man wird kaum dazu beitragen, die Lage nachhaltig zu verbessern.

Gibt es überhaupt »richtigen« Umgang mit Armut auf Reisen? Hier ein paar Gedanken dazu:

- Man mag sich vielleicht kühl und herzlos vorkommen, dennoch sollte man davon absehen, Geld zu verschenken. Man verbessert dadurch nichts, sondern bestärkt möglicherweise Eltern, ihre Kinder zum Betteln zu schicken, anstatt zur Schule. Außerdem weiß man nicht, wer ihnen nachher das Geld abknöpft.

- Allein die Tatsache, dass man in ein armes Land reist, kann ein Beitrag gegen Armut sein. Wichtig ist, dass man lokale Geschäftsleute unterstützt und große internationale Ketten meidet (→ Nachhaltigkeit).
- Den Menschen auf Augenhöhe begegnen. Auch wenn man deren ökonomische Situation nicht verbessern kann, kann es ihnen nur gut tun, respektvoll behandelt zu werden. Den Kopf zu tätscheln und traurig zu schauen manifestiert nur bestehende Machtverhältnisse. Wie wär's dagegen mit einem ernsthaften Gespräch, einem aufrichtigen Lächeln und einer Runde Fußball mit den Kindern?
- Wenn man wirklich Zeit oder Geld (oder beides) investieren möchte, ist eine gute Recherche unabdingbar (siehe auch → Volunteering). Natürlich ist soziale Arbeit notwendig, nachhaltiger Wandel kommt aber nur durch Änderungen in Struktur und Politik.
- In Asien, vor allem in Kambodscha, hat sich eine Art »Waisenhaustourismus« etabliert, den man nicht unterstützen sollte. Arme Familien werden ermutigt, ihre Kinder dort abzugeben. Die Kinder sollen für die Touristen süß und bemitleidenswert lächeln, werden jedoch erbärmlich untergebracht. Die Spenden der Touristen gehen an die Drahtzieher.

Around-the-World-Ticket

Oder: Für wen sich so ein Fahrschein lohnt

Mit nur einem Ticket den ganzen Globus umrunden? Klingt zunächst einmal super. Aber eines vorweg: Pauschal lässt sich nicht sagen, ob ein Around-the-World-Ticket die beste Wahl für eine Weltreise bzw. eine große Reise ist, dafür sind die → Reisetypen viel zu individuell. Doch erst einmal zu den Fakten:

WAS IST DAS ÜBERHAUPT? Wie der Name schon sagt: Das Flugticket berechtigt den glücklichen Besitzer, einmal den Erdball zu umrunden. Selbstverständlich mit entsprechenden Unterbrechungen an spannenden Reisedestinationen, die man vorher auswählt. Die beiden größten Anbieter sind die Airline-Gruppierungen Star Alliance und Oneworld. An dritter Stelle folgt SkyTeam. Tickets können entweder im Internet direkt bei den Anbietern gebucht werden oder von spezialisierten Reiseagenturen. Auch wenn auf den ersten Blick die Optionen unübersichtlich erscheinen, folgen die Around-the-World-Tickets denselben Spielregeln:

- Man kann nur in eine Richtung fliegen – entweder gen Osten oder Westen. Hin und her geht meistens nicht oder nur sehr eingeschränkt innerhalb des jeweiligen Kontinents.
- Man erwirbt eine gewisse Anzahl an Flügen, Stopps oder Meilen, die dann die Route (und den Preis) bestimmen.
- Ein Around-the-World-Ticket ist normalerweise 365 Tage gültig.
- Man legt sich mit dem Ticket auf ein bestimmtes Netz und bestimmte Routen fest. Umbuchungen sind zwar möglich, kosten aber auch Geld.
- Es gibt für Studenten und junge Menschen oft spezielle Jugendtarife.

FÜR WEN LOHNT ES SICH? Wie so oft im Leben: Das hängt von unterschiedlichen Faktoren ab. Der Vorteil von solchen Tickets ist, dass man bereits alles in der Tasche hat. Planungen muss man nicht mehr von unterwegs machen, Flugrecherchen und Buchungen hat man ja schon erledigt. In Ländern, die ein Ausreiseticket bereits bei der Einreise verlangen (→ Visum), hat man praktischerweise stets eines parat. Außerdem ist ein großer Budgetposten bereits abgehakt, das kann ein beruhigendes Gefühl sein (→ Budget). Bei Problemen oder Umbuchungswünschen hat man nur einen Ansprechpartner. Ein Nachteil ist die geringere Flexibilität, da man sich bereits im Voraus für eine Route festlegt. Außerdem sind die Tickets nicht immer die günstigste Alternative zu Einzelbuchungen, vor allem vor dem Hintergrund der zunehmend aufkommenden Low-Cost-Airlines (→ Flüge).

Asien

Oder: Same same – but different

Asien räumt alles ab. Wäre das hier die Oscarverleihung, wäre Asien so was wie »Titanic« oder »Der Herr der Ringe«: Es würde schon fast langweilig, weil man die Konkurrenz in nahezu allen Kategorien hinter sich lässt. Hier nur mal ein paar der Superlative, die zu Asien gehören:

- Bevölkerungsreichster Kontinent der Erde: rund 4 Milliarden
- Größter Kontinent der Erde: 45 Millionen Quadratmeter Fläche (inkl. Russland)
- Bevölkerungsreichstes Land der Erde: China mit fast 1,4 Milliarden Einwohnern
- Höchste Gebirgskette der Erde: Himalaya (alle Gipfel über 8000 m)
- Höchster Berg der Erde: Mount Everest (8848 m)
- Tiefster See der Erde: Baikal (1642 m)

Okay, lassen wir das mit den Superlativen, bevor es langweilig wird. Obwohl – ein paar gehen noch: längster Swimmingpool (Singapur, 150 m), teuerster Tee (weißer Silbernadeltee, 300 €/kg) und das leckerste Essen der Welt. Na gut. Erwischt. Das letzte war etwas subjektiv eingefärbt, stimmt aber trotzdem. Und was lehren uns diese interessanten Statistiken jetzt? Asien ist groß und vielfältig. Wenn also einer ganz mondän posaunt: »Asien lohnt sich«, dann ist das schon arg vage. Aber wahr.

SÜDOSTASIEN In den allermeisten Fällen ist mit »Asienreise« die Region Südostasien (SOA) gemeint. Wenn man sich das mal auf der Karte anschaut, ist das nur ein ganz kleiner Zipfel des Kontinents, auf dem sich der Großteil der Reisenden tummelt. Und das nicht ganz zu Unrecht: In SOA findet man Traumstrände, üppigen Dschungel, beeindruckende buddhistische Tempel und noch vieles mehr, was der gemeine Backpacker so schätzt: leckeres Streetfood, gastfreundliche Menschen, günstige Preise, eine funktionierende Infrastruktur und trotzdem irgendwie auch das Gefühl von Abenteuertrip (siehe auch → **Banana Pancake Trail**).

SÜDASIEN Eine der ärmsten Regionen der Welt und gefühlt ein Kontinent für sich, es beherbergt die Himalaya-Gebirgskette in Nepal, die Wander- und Bergfans aus aller Welt wie ein Magnet anzieht. Natürlich gibt es hier Wanderrouten in allen Varianten und Schwierigkeitsgraden. Die sogenannte Annapurna-Runde ist besonders beliebt, da man das Annapurna-Massiv aus den verschiedensten Blickwinkeln erkundet und auf der Strecke immer wieder Berghütten zum Übernachten vorfindet. Der Weg verlangt jedoch einiges ab. Circa 18 bis 21 Tage sollte man bei anständiger Fitness einplanen. Höhepunkt ist die Überquerung des Thorong-La-Passes auf 5416 Metern.

Die Fahnen tragen die Gebete dem Himmel zu.

BHUTAN Wenn man mal ein paar ausgesprochen glückliche Menschen sehen möchte, reist man ins (fast) benachbarte Bhutan. Hier sind Zigaretten verboten, und die Regierung orientiert sich am Bruttoglücksprodukt seiner Bewohner. Staatlich verordnetes Glücklichsein sozusagen. Die Einreise ist nur über registrierte Reiseunternehmen möglich, und man ist verpflichtet, ein

Paket aus Übernachtung, Transport, Verpflegung und Guide zu buchen. Kosten pro Tag: Minimum 150 Euro.

INDIEN Weiter geht es nach Indien. Ein Land, das die eigene Vorstellungskraft herausfordert wie kein anderes. Es zieht sofort in seinen Bann, konfrontiert den Weltenbummler mit unzähligen Fragen und generiert seinen Reiz aus der größtmöglichen Negation eigener Normvorstellungen. Indien brennt sich tief in die Seele des Reisenden. Indien macht süchtig, sagen manche.

OSTASIEN Wenn man nicht gerade in den berüchtigten Schlafkapseln übernachtet, wird der Abstecher nach Japan die Reisekasse empfindlich belasten. Dafür erlebt man einen ganz besonderen Respekt, den die Menschen einander entgegenbringen. Es lohnt sich außerdem, auf die vielen bemerkenswerten Details des japanischen Alltags zu achten (man denke nur an die liebevoll hergerichteten Bento-Boxen).

Nord- und Südkorea teilen sich zwar noch den Ländernamen, könnten aber gegensätzlicher kaum sein. Während der rückwärtsgewandte Norden wie aus der Zeit gefallen scheint, gibt es wohl kaum ein Land, das so sehr für Aufbruch, Fortschritt und einen optimistischen Blick in die Zukunft steht wie Südkorea.

Und natürlich China: Wer dieses Land erkunden will, macht allerdings ein echtes Fass auf. Die schiere Größe des Landes und die Verständigungsprobleme sind nicht zu unterschätzen. Wer nur mal kurz reinschneien will, geht am besten nach Peking und erreicht von dort aus viele Sehenswürdigkeiten.

Bei Asien muss man auch über Großstädte sprechen. Futuristisch anmutende Sci-Fi-Metropolen, die wie ein überzeichnetes Konzept der

Zukunft wirken. Seoul, Tokio, Shanghai, Singapur. Riesige Leuchtreklamen fließen wie Wasserfälle an den Wänden hinab, Menschen inszenieren sich als Fantasiegestalten aus Comics, und Geschäftsleute scannen mit dem Smartphone an der U-Bahnhaltestelle Bilder von Produkten ab, die sie später ganz real vor ihrer Haustüre vorfinden werden, wenn sie daheim eintreffen. Deutsche Stadtmenschen werden sich hier wie Hinterwäldler vorkommen.

Asien ist weit mehr als alles eben Beschriebene. Es ist auch der Regenwald auf Papua-Neuguinea, persische Prachtbauten und die Endlosigkeit Zentralasiens. Es sind die unzähligen kleinen Details und Begegnungen, die im Zwischenraum der unzähligen Superlative stattfinden. Asien überrascht einen auch dort, wo man es nicht erwartet hätte.

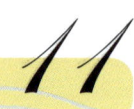

Ausrüstung

Oder: Ich packe meinen Rucksack und nehme mit …

Da steht er nun, der Rucksack (oder Koffer), und will sinnvoll gepackt werden. Unzählige Packlisten, gut gemeinte Tipps und heiße Diskussionen mit den Freunden hat man bereits über sich ergehen lassen, aber was, herrje, muss denn nun *wirklich* mit? Die schlechte Nachricht zuerst: Es kommt darauf an! Die gute Nachricht: Es kommt nur auf einen selbst an! Grundsätzlich entscheiden eigene Vorlieben, die Art zu reisen und das Klima in den Reiseländern, was unabdingbar ist – und was nicht. Es gibt leider nicht *die* eine Packliste, dafür sind die Bedürfnisse der diversen → Reisetypen auch viel zu verschieden. Wer als Weltenbummler mit beschränktem Gepäckvolumen maximale Bekleidungsvarianten rausholen will, dem helfen diese Packweisheiten:

RUCKSACK Er ist das eigene kleine Schneckenhaus für die große Reise. Stellt sich nur noch die Frage, welcher. Man muss sich vorab überlegen, wie viel Gewicht man dauerhaft tragen kann (und möchte).

Minimalisten reisen mit Handgepäck, also unter 8 Kilo. Der durchschnittliche Weltreisende trägt etwa 15 Kilo mit sich herum. Rucksäcke gibt es wie Sand am Meer, beim Kauf sollte man sich daher vorab Gedanken machen, was man wirklich braucht:

- Volumen
- Tragesystem und Verstellbarkeiten (Rückenhöhe, Riemen, Hüftgurt)
- Fächeraufteilung
- Vorrichtungen/Gurte für Ausrüstung (Trinkblase, Wanderstöcke o. Ä.)

Der Rucksack sollte gut verarbeitet und aus reißfestem Material sein. Auch die Reißverschlüsse sollten stabil sein, unbedingt prüfen, ob sie rund laufen. Eine Regenhülle, die auch als Dreck- und Diebesschutz dienen kann, ist ebenfalls sehr empfehlenswert. Wenn man oft mit dem Bus fährt, werden die Rucksäcke meist im Gepäckraum gelagert. Dort kann es sandig, staubig und feucht sein. Klar, ein abgenutzter Rucksack sieht schön verwegen aus. Dafür aber ist er eben auch, na ja, dreckig.

WENIGER IST MEHR Überall in der Welt gibt es Waschmöglichkeiten (→ Waschen), darum reicht Kleidung für eine Woche vollkommen aus. Der gute alte Zwiebellook ist unschlagbar. T-Shirts gehen immer, als nächste Schicht eignet sich eine Fleecejacke (leicht, trocknet schnell und hält schön warm). Dann noch eine Jacke (idealerweise wind- und wasserabweisend), fertig ist der Basis-Allwetterlook. Trekkinghosen, die man mit einem Reißverschluss zu Shorts verwandeln kann, sind auch sehr praktisch. Grundsätzlich ist man mit ein paar guten Basics (einer festen Hose, Fleecejacke, Softshelljacke) super ausgestattet (mehr dazu unter → Kleidung). Je nach Region kommen dann Bikini oder Wollmütze noch mit. Eine Kopfbedeckung gegen Sonne ist überall empfehlenswert, ob in den Bergen oder am Strand. Auch ein sogenanntes Buff (Schlauchtuch, das als Kopfbedeckung, Schal, Mundschutz, Haarband u.v.m. verwendet werden können) ist ein guter Begleiter.

TECHNIK UNTERWEGS Auch hier gilt: Es kommt auf den eigenen Anspruch an. Bilder kann man sowohl mit einer Fotoausrüstung als auch mit einem Smartphone machen. Wer allerdings Wert auf hochwertige Bilder und anspruchsvollere Nachbearbeitungsoptionen legt, kommt um eine → Kamera nicht herum. Wer nur ein wenig im Internet surft und unterwegs Hotels buchen möchte, dem reicht das → Smartphone. Fürs Arbeiten und für große Datenvolumen (Fotos) benötigt man dann doch einen Laptop (→ Computer). Neben diesen beiden größeren technischen Gadgets nicht vergessen: Reiseadapter, Akkus, Ladegeräte, Speicherkarten, evtl. externe Festplatte oder USB-Stick einpacken.

HYGIENE UND APOTHEKE Man kann alles nachkaufen. Die Grundausstattung für den alltäglichen Bedarf, sowie die → Reiseapotheke sollten in wasserdichte Beutel (Ziplocs) verpackt werden, so verdreckt nichts im Rucksack. Frau muss auch an Damenhygiene denken (→ Frau unterwegs). In einigen Ländern sind Sonnenschutz, Tampons und Kontaktlinsenflüssigkeit teuer und nur in Apotheken erhältlich. Es hilft daher, diese Dinge vorausschauend zu kaufen.

DOKUMENTE Man sollte sie in einer wasserdichten Tasche aufbewahren und auch daran denken, die wichtigen zusätzlich in der → Cloud digital zu speichern.

- Reisepass (Ablaufdatum checken)
- Krankenkassenkarte/Auslandskrankenversicherung
- Kreditkarte(n)
- Flug- und Reisetickets
- Wichtige Notfallnummern, kompakt auf einer Seite, am besten laminiert
- Gesundheitshinweise (Blutgruppe, Allergien, Notfallkontakt etc.)
- Internationaler Impfpass
- Internationaler Studentenausweis (gegebenenfalls)
- Internationaler Führerschein
- Passfotos (für Visa-on-Arrival)

PRAKTISCHE HELFERLEIN

- Beutel für Ordnung im Rucksack – am besten die Unterwäsche in einen Beutel, die Hygieneartikel in einen anderen usw.
- Taschenlampe
- Taschenmesser
- Baumwollinlet für einen Schlafsack (bei niedrigem Hygienestandard in den Zielländern)
- Ohrenstöpsel
- Schlafmaske (besonders, wenn Nachtbusfahrten oder Mehrbettzimmer geplant sind)
- Reisehandtuch aus Mikrofaser (klein, trocknet schnell)
- Reisenageletui (Pinzette, Schere, Nagelfeile)
- Metall-Campingbecher (für Getränke, Suppe, Müsli)
- Spork (eine Löffel-Gabel-Messer-Kombi, kommt von Sp(oon) + (F)ork)
- Moskitonetz (v.a. in Malariagebieten)
- Zahlenschloss: ist eine echte Allzweckwaffe am Rucksack, Spind oder an Türen, denen man nicht ganz vertraut.

Zu guter Letzt: Bleib cool! So profan es klingt: Überall in der Welt gibt es Läden. Wirklich! Wenn man was vergessen hat, geht also die Welt nicht unter. Manchmal sind die Produkte dort sogar billiger als daheim.

12 Australien

Oder: Die besten Tipps für den Roadtrip durch das Outback

Dass sich eine Reise nach Down Under lohnt, wissen wir alle. Australien steht zu Recht stellvertretend für ein ganz spezielles Reisefeeling. Hier

Bridge Walk in Sydney. Wer traut sich?

winkt nicht weniger als ein irrer Mix aus wahnsinnigen Großstädten, haarsträubend schöner Landschaft und gänzlich unberührter Natur.

Obwohl wir hier von einem Kontinent größer als Europa sprechen, versprüht Australien immer noch die Anziehungskraft einer abgelegenen Insel. Das mag auch an der Distanz liegen: Mehr als 20 Stunden wird man während der Anreise keinen festen Boden unter den Füßen haben. Was sagt uns das?

Man sollte genug Zeit einplanen, wenn man schon mal da ist. Australien-Reisende tendieren dazu sich zu viel vorzunehmen (liegt das daran, dass der Kontinent so schön übersichtlich »inselmäßig« geformt ist?). Wie dem auch sei. In Europa überlegt man zumindest kurz, ob man gerade Bock hat, in einer Tour von Köln nach Rom zu fahren – in Australien aber ruft man »road trääääääp« und steigt in die Eisen. Why not!? Vielleicht helfen dem einen oder anderen ja noch folgende Australientipps:

WORK & TRAVEL Immer noch der Klassiker, wenn man knapp bei Kasse ist und dafür etwas mehr Zeit mitbringt. Ist eher für junge Leute gedacht, denn das Working Holiday Visa können nur 18- bis 30-Jährige beantragen.

GELD UND SPAREN Apropos knapp bei Kasse: In Australien geht viel vom Budget für den Transport von A nach B drauf. Es gibt allerdings einen kleinen Trick: *car relocations*. Manchmal suchen Mietwagenfirmen freiwillige Helfer, die einen Wagen in eine andere Stadt zurückführen. Man muss nicht mal den Sprit zahlen!

Okay, noch ein Spartipp, denn Geld ist irgendwie immer ein Thema im teuren Australien. Große Supermarktketten wie Coles und Woolworths senken abends ihre Preise für verderbliches Essen an den Frischetheken drastisch. Teilweise um bis zu 70 Prozent. In Buchstaben: siebzig!

UV-STRAHLUNG Für Sonnenschutz sollte allerdings immer genug Geld da sein: Die UV-Strahlung ist ungleich stärker als wir gewohnt sind und eine ernsthafte Gefahr für die Haut. Unter LSV 30 braucht man gar nicht erst anzufangen. Lange Kleidung hilft auch.

BRIDGE WALK Auf der Suche nach einem besonderen Adrenalinkick in Sydney? Dann ab zum Bridge Walk. Es werden tatsächlich Klettertouren entlang der gigantischen Stahlbrücke angeboten. Man wird mit Bauchgurt und Führungsseil gesichert und muss vorher einen Alkoholtest ablegen. Kann man mal machen!

TIERE Australien ist ein Paradies für Tierfans: 90 Prozent der Arten gibt es nirgendwo anders. Kleiner Praxistipp: vor dem Hinsetzen die Toilette immer erst nach Tieren checken …

AUTOFAHREN Die größte Gefahr auf einem Roadtrip sind tatsächlich Kollisionen mit Wildtieren. Daher sollte man Fahrten in der Dämmerung entweder ganz vermeiden oder tierisch vorsichtig sein. Es gibt auf den Highways jede Menge Blitzer. Die Gebühren sind hoch. Auch wenn man mit einem Mietwagen unterwegs ist, kommt man nicht drum herum. Die Vermieter buchen den Betrag in der Regel inklusive einer Bearbeitungsgebühr von der Kreditkarte ab.

ALKOHOL Der Konsum von Alkohol ist in der Öffentlichkeit untersagt. Es gibt Fälle, in denen empfindliche Bußgelder verlangt wurden.

ABORIGINES Der Umgang mit den australischen Ureinwohnern, den Aborigines, eignet sich nicht gerade für Small Talk und wird eher tabuisiert. Mit Menschen, die man bereits besser kennengelernt hat, kann man sich selbstverständlich darüber austauschen.

13 Auswärtiges Amt
Oder: Zu Risiken und Nebenwirkungen …

Die Internetseiten des Auswärtigen Amtes (www.auswaertiges-amt.de) lesen sich ein wenig wie der Beipackzettel eines Medikaments. Man würde diese unangenehmen Informationen am liebsten ignorieren, aber man will ja auch nicht ganz verantwortungslos eine Tablette schlucken. Man tut es aus reiner Vernunft.

Neben den ganz praktischen Hinweisen zu Einreisebestimmungen, Visaregelungen und notwendigen Dokumenten findet man ausführliche Reise- und Sicherheitshinweise. Gerade diese sollte man auf keinen Fall auf die leichte Schulter nehmen: Sie bieten eine ungeschönte Übersicht, welche Gefahren im Zielland bestehen. Wer diese Informationen ignoriert, tut sich nicht als furchtloser Abenteurer hervor, sondern outet sich als ziemlich naiv.

Natürlich kann diese Fülle an Schreckensnachrichten die Vorfreude auf die Reise trüben. Womöglich stellt man sich sogar die Frage, ob man diese Risiken überhaupt eingehen möchte. Schließlich schreibt das Auswärtige Amt sehr detailliert über terroristische Gefahren, Gesundheitsrisiken und gefährliche Krankheiten, Kriminalität und Naturkatastrophen. Außerdem wird man darauf hingewiesen, dass man zum Beispiel in Thailand für die Beleidigung des Königs bis zu 15 Jahre hinter Gitter kommen kann oder bei Drogenbesitz auf Kuba zwischen 4 und 30 Jahren Haft drohen.

Panik sollte hier nicht ausbrechen: Ähnlich eben wie bei einem Beipackzettel listet das Auswärtige Amt sämtliche Gefahren auf, die eben auftreten *können*. Das muss selbstverständlich nicht heißen, dass man auf seiner Reise zwangsläufig in sämtliche Krisen verwickelt wird. Und außerdem: Im Vorfeld ein Bewusstsein und eine gewisse Sensibilität für mögliche Gefahren zu entwickeln, ist schon ein großer Schritt, um diese später erfolgreich zu umschiffen. Daher gilt: Informationen lesen, Konsequenzen ziehen, und dann aber schnellstens wieder gedanklich zu den schönen Dingen zurückkehren und Vorfreude genießen.

Wie das Auswärtige Amt in brenzligen Situationen weiterhelfen kann, erläutern wir unter → Notfall.

Banana Pancake Trail

Oder: Mit dem Rucksack auf Asiens Ameisenstraße

14

Viele junge Abenteurer zieht es zum Backpacken nach Südostasien. Zu Recht, möchte man sagen, findet man hier doch Bilderbuch-Traumstrände, Streetfood vom Allerfeinsten und eine angenehme Infrastruktur für Individualreisende. Dies ist längst kein Geheimnis mehr, die beliebte Route durch Südostasien hat sich zu einer Art Ameisenstraße von Backpackern entwickelt. An Stränden, wo noch vor nicht allzu langer Zeit bestenfalls ein paar Aussteiger ihr Paradies gefunden hatten, feiern pubertierende Teenager heute Full-Moon-Partys.

Geografisch ist der Banana Pancake Trail nicht eindeutig umrissen, er repräsentiert vielmehr eine komfortable Art des Backpackens durch Asien, die durchaus widersprüchlich ist. Denn der Individualtourismus

in der Region hat einen so starken Boom erfahren, dass man fast vom Massentourismus sprechen muss. Also vom massenhaften Individualtourismus. Nein, vom individuellen Massentourismus. Ach, egal. Jedenfalls suchen Reisende hier das Beste aus mehreren Welten: Einerseits das Gefühl von Abenteuertrip im fernen Asien, andererseits will man sein Müsli und einen ordentlichen Burger nicht missen. Man bezeichnet sich als Individualreisender, und doch fährt man in Touri-Bussen durch das Land, die ein Einheimischer nie nutzen würde. Man fühlt sich wie ein Entdecker und wandelt doch auf längst betretenen Pfaden. Wer vom Banana Pancake Trail spricht, beobachtet den »Mythos« Backpacking also auch mit einem kritischen, aber durchaus wohlwollenden Augenzwinkern. Denn viele Reisende, häufig gerade die größten Kritiker des Phänomens, können sich von diesem Trail kaum loseisen. Nicht selten trifft man hier Menschen, die ihre geliebte Insel in Thailand seit Jahren nicht mehr verlassen haben. Wenn man fragt, wie es dazu kam, ist häufig die Antwort. »Ich weiß es auch nicht. Eigentlich wollte ich nur drei Wochen bleiben.« Der Suchtfaktor Südostasien ist hoch.

Übrigens: Die Bananenpfannkuchen, die dem Trail seinen Namen geben und meistens an kleinen Wagen am Straßenrand erhältlich sind, rechtfertigen die Reise allemal!

15 Blog

Oder: Lass andere mitreisen

Nur kurz, falls jemand nicht weiß, was ein Blog ist: Im Prinzip ist dies eine persönliche Internetpräsenz, auf der Berichte, Fotos oder Videos veröffentlicht werden können. Immer mehr Reisende nutzen diese Möglichkeit, um Verwandte, Freunde und letztlich alle, die sich dafür interessieren, an ihrer Reise teilhaben zu lassen. Wer jetzt denkt: Hört sich gut an, leider habe ich keine Programmierkenntnisse – dem sei gesagt: Einen Blog zu erstellen geht ganz einfach. Es gibt ein paar Anbieter, die einem das Grundgerüst zur Verfügung stellen. Für Einsteiger haben sich die Plattformen Tumblr und Blogger bewährt. Man muss nur das Design auswählen, und schon kann man starten. Wer umfassendere, individuellere Gestaltungsmöglichkeiten sucht, wird eher bei Wordpress glücklich.

Natürlich sollte man sich vorher ein paar Gedanken darüber machen, wen man überhaupt erreichen will. Möchte man eher private Dinge mit einer Handvoll vertrauter Menschen teilen, dann ist der Weg über eine öffentliche Website eher der falsche. Das Internet vergisst nichts, daher sollte man sensibel sein mit dem, was man preisgibt. Man kann sich aber auch als Reiseautor versuchen – Menschen, die gut schreiben können, ziehen schnell eine ganze Horde von Lesern an, die die Reise mitverfolgen und jeden Beitrag kommentieren. Das kann unheimlich Spaß machen.

Wem das Schreiben über die Reise aber am meisten nutzt: dem Schreibenden selbst! Das hat ganz praktische Gründe, denn zum einen vergisst man tatsächlich mehr als man denkt. Wer einmal in Notizen vergangener Reisen geschwelgt hat, weiß, wie toll diese Erfahrung sein kann. Es kommen plötzlich ganz vergessene Bilder und Erinnerungen hoch. Zum anderen: Der Prozess des Schreibens selbst regt zur Reflexion an, man wird sich viel bewusster darüber, was einen beeindruckt, enttäuscht, beängstigt oder gefreut hat. Die Flut der Eindrücke, der man während einer Reise ausgesetzt ist, strukturiert sich, und man wird eher in der Lage sein, Erkenntnisse daraus abzuleiten. Natürlich müssen diese Dinge nicht geteilt werden, man kann auch nur für sich schreiben. Wer dieser ganzen digitalen Welt ohnehin überdrüssig ist, dem sei ein gutes altes Tagebuch ans Herz gelegt.

16 Bettwanzen

Oder: Was juckt's mich?

Wenn man auf Tripadvisor ein Hotel bewertet und den Vorwurf erhebt, man habe sich die Matratze mit Bettwanzen teilen müssen, wird dieser Beitrag nicht gleich freigeschaltet. Man bekommt noch einmal eine E-Mail, in der man zur Bestätigung des Vorwurfs aufgefordert wird. Warum erzählen wir das? Weil es zeigt, dass Wanzen so ziemlich das Schlimmste sind, was einen in einem Hotelzimmer erwarten kann, und weil diese Bewertung das betroffene Hotel ruinieren kann. Das Gemeine ist, man sieht in der Regel der Matratze nicht an, dass sie von Ungeziefer befallen ist – wenn man merkt, dass die kleinen Blutsauger am Werk sind, ist es eigentlich schon zu spät.

Wie kann man sich also am besten schützen? Schwierig. Die kleinen Biester sind auf den ersten Blick meist kaum erkennbar. Es lohnt sich immer, ein Baumwoll- oder Leineninlet dabeizuhaben. Die sind handlich und leicht zu transportieren. Man kann sich wie in einen Schlafsack darin einhüllen, wenn man der Matratze oder Decke nicht zu nahe kommen mag.

Wenn man abends im Bett liegt und es anfängt zu beißen, umgehend das Weite suchen und auschecken – man erspart sich eine schlaflose

Nacht! Die Bisse von Bettwanzen ähneln Mückenstichen, es sind rötliche Punkte, die irgendwann heftig zu kratzen anfangen. Linderung erzielt man mit rezeptfreien Salben, die als Wirkstoffe Antihistaminika, Cortison oder Hydrocortison enthalten.

Im schlimmsten Fall sind die Bettwanzen auf die eigene Kleidung übergegangen – jetzt darf man auf keinen Fall den Fehler machen, die Viecher in das nächste Hotel einzuschleppen. Sämtliche Klamotten, das Inlet, der Rucksack (ehrlicherweise: alles, was in Reichweite der Bettwanzen war) müssen auf mindestens 60 Grad gewaschen und danach in einen Trockner gepackt werden, damit die Wanzen und deren Eier wirklich absterben.

Bücher

Oder: Print oder E-Reader?

Wieder eine Entweder-Oder-Entscheidung, die der Weltenbummler treffen muss. Denn ganz ohne geht's kaum: So mancher würde für ein gutes Buch eher das Erste-Hilfe-Set zu Hause lassen, so süchtig kann Literatur machen. Doch lohnt es sich überhaupt noch, den kiloschweren »Don Quijote« ins Handgepäck zu quetschen? Schließlich gibt es mittlerweile nichts, was es nicht auch digital gibt. Sei es → Reiseführer, Groschenroman oder Weltliteratur. Daher stellt sich nun eine existentielle Frage für den reisenden Bücherwurm: Blätter oder Bytes?

Der E-Reader ist schon eine kleine Revolution für die Literaturwelt. Unendlich viele (okay, nicht ganz, speicherkartenplatzendlich viele) Bücher stehen zur Verfügung und können von überall her heruntergeladen werden. Zudem ist der E-Reader klein und leicht, die kleine Privatbibliothek muss eigentlich niemand mehr mit sich herumschleppen. Das sind dann auch schon die zwei großen Verkaufsargumente der praktischen E-Reader.

Der Reisende, der sich zum klassischen, traditionellen Buch hingezogen fühlt, hat aber auch Vorteile. Ein E-Reader hängt vom Strom ab und ist ein weiteres technisches Gerät, das in manchen Teilen der Welt (unliebsame) Aufmerksamkeit erregt. Ein Buch hingegen wird wohl eher weniger Technikdiebe auf den Schirm rufen, und wenn jemand den Hemingway oder Goethe stiehlt, dann beweist der Dieb wenigstens literarisches Gespür. Ein Buch ist natürlich unempfindlicher, was Sand und Wasser angeht. Eigentlich ist auch die Furcht unbegründet, unterwegs kein gutes Buch zu finden: In vielen Ländern, vor allem auf den gängigen Backpackerrouten, gibt es sogenannte Buchtauschbörsen (→ book exchange), meist in Hostels oder westlich geprägten Cafés. In einigen Regionen findet man sogar Raubkopien der Bestseller, auch wenn dies gegen das deutsche Urheberrecht und die Copyrights verstößt. Und dann gibt es in den Shoppingmalls der Großstädte dieser Welt auch Buchläden, die internationale Literatur vertreiben. Englischsprachige Bücher findet man eigentlich immer, manchmal sogar auch deutsche. Alternativ können auch der → Computer oder das → Smartphone/Tablet als E-Reader herhalten.

18 Budget
Oder: Was kostet die Welt(reise)?

Wer eine solche Fahrt plant, wird zu 99 Prozent zuerst gefragt: »Hast du im Lotto gewonnen?!« Dass eine längere Reise nicht die Welt kostet, hat sich irgendwie noch nicht rumgesprochen. Und so hält sich hartnäckig die Meinung, eine Weltreise sei nur für Reiche erschwinglich. Tatsächlich ist eine Langzeitreise gar kein unmögliches Unterfangen. Ja, man könnte sogar behaupten: Jeder kann eine Weltreise machen! Und nun folgt die Bedingung: Jeder kann eine Weltreise unternehmen, wenn er entsprechende Prioritäten setzt. Denn zumindest in Deutschland kann jeder, der gerne reisen möchte, ein Budget zusammensparen, das zumindest eine Low-Budget-Reise erlaubt (mehr zum Thema Sparen unter → Planung). Die Kosten für eine Weltreise sind selbstverständlich nach oben offen. So eine Budgetplanung ist eine höchst individuelle Angelegenheit. Wie geht man also am besten vor?

SCHRITT 1: TRÄUME Wer von einer Weltreise träumt, sollte sich zu Beginn einmal überlegen, wohin die Fahrt gehen soll. Was sind die absoluten Traumziele, die auf keinen Fall fehlen dürfen? Wenn man die Liste beisammen hat, zeichnet sich schon eine Tendenz ab. Stehen beispielsweise Kambodscha und Indien ganz oben auf der Aufstellung, wird man mit deutlich geringerem Budget auskommen als in den USA oder in Australien. Meistens macht ein guter Mix die Reise nicht nur abwechslungsreicher, sondern ist auch dem Budget zuträglich.

SCHRITT 2: ANSPRÜCHE Jeder muss sich ernsthaft fragen, welche Ansprüche er an Unterkunft, Verpflegung und Reisemittel hat. Reicht ein Bett im Mehrbettzimmer? Oder müssen es mindestens drei Sterne und Klimaanlage sein? Streetfoodfans und Selbstversorger geben natürlich weniger aus, als diejenigen, die jede Mahlzeit in einem Restaurant einnehmen. Auch → **Alkohol** und Nachtleben sind nicht zu unterschätzende Kostenfaktoren.

SCHRITT 3: DAUER Und hier schließt sich das Budget-Dreieck. Auch die Reisedauer schlägt sich im Geldbeutel nieder. Das Gute ist: Je länger man reist, desto günstiger wird der durchschnittliche Reisetag. Das liegt zum einen daran, dass sich das gesamte Reiseprogramm eher entzerrt. Teure Touren, Sightseeing oder andere Aktivitäten macht man in einer viel geringeren Frequenz. Zum anderen optimiert man die finanzielle Situation immer mehr, je länger man an einem Ort bleibt: Man handelt Langzeittarife in Unterkünften aus, hat genug Zeit, den günstigen Supermarkt ausfindig zu machen, kauft sich ein Wochenticket für den Nahverkehr …

Diese drei Eckpfeiler sind maßgeblich für das Weltreise-Budget. Grundsätzlich sollte man sich zuerst mit den eigenen Wünschen und Prioritäten auf der Reise auseinandersetzen, so entsteht ein erstes Finanzgerüst. Je nach Ausgang kann dann immer noch detaillierter geplant werden. Genau hier entsteht Vorfreude: Man hört sich plötzlich Sätze murmeln wie: »Also, wenn ich in Argentinien viel Couchsurfing mache, könnte es sogar für die Galapagos-Tour reichen!«.

Ein paar Zahlen

Auch wenn das benötigte Budget sehr individuell ist, muss man ja irgendwo anfangen zu kalkulieren. Hier ein Überblick über Kosten, die man beachten sollte.

Fix- und Einmalkosten

- Reisekrankenversicherung
- Laufende Kosten in der Heimat (Miete, Versicherungen, Beiträge zur Rentenversicherung usw.). Hier kann man bei einer Langzeitreise natürlich sparen → Planung
- Kontoführungsgebühren
- Impfungen
- Reisepass
- Visagebühren
- Around-the-World-Ticket (einmalige Kosten für Flüge)
- Ausrüstung

Variable Kosten unterwegs

- Unterkünfte
- Transport
- Verpflegung
- Sightseeing und Aktivitäten

Ganz grob kann man jedem dieser variablen Posten 25 Prozent zuteilen. Aber eben nur grob. Dann lässt sich die Weltkugel natürlich in günstige, mittelteure und teure Reiseländer einteilen, hier ein paar Beispiele:

günstig	mittel	teuer
Indien	Zentralamerika	Singapur
Südostasien (ohne Singapur)	Argentinien	Japan
Bolivien	Chile	Skandinavien
Peru	Südafrika	Australien
Malawi	Osteuropa	USA
	Tansania	Kanada

Das benötigte Budget einer Reise hängt also vom Zusammenspiel dieser Faktoren ab:
Zielländer + eigener Reisetyp + Reisedauer = benötigtes Budget.

Wenn man für die Langzeitreise den eigenen Job kündigt beziehungsweise erst einmal daheim etwas Zeit zur Orientierung benötigt, sollte man natürlich auch dafür eine zusätzliche Reserve planen. Übrigens, die kleine Beschreibung der → Reisetypen ist ein Kapitel für sich.

Busreisen

Oder: Von Toiletten-Dilemmas, Lamas und Anarchisten

Busreisen sind viel mehr als nur eine Fahrt von A nach B. Naja, obwohl … Manchmal sind sie genau das. Aber wir reden jetzt mal nicht über die Strecke von Paderborn nach Krefeld. Auf globaler Ebene kommen Busreisen wie die berühmte Pralinenschachtel von Forrest Gump daher: Man weiß nie genau, was man bekommt. Den sanft gleitenden Fünf-Sterne-Doppeldecker, in dem man seinen Sitz zum Bett herunterfahren kann und die Servicekraft erst ein Abendmahl und später ein Kissen und einen Einschlaftee reicht? Oder die Höllenfahrt im Mittelgang eines rostigen Blechhaufens, in dem Mensch und Tier um einen herum sich spontan übergeben, weil der rasende Fahrer offenbar nicht nur die Belastbarkeit des leidenden Busses, sondern die Existenz seines Schutzengels auf die Probe stellen möchte? Busreisen ist nie gleich Busreisen. Als Welten-

Weltrekordversuch? Ne, nur eine normale Busfahrt

bummler muss man sich also auf das ganze Spektrum gefasst machen. Hier ein paar Tipps, wie man sich grundsätzlich auf Busreisen in unbekanntem Terrain vorbereiten kann:

DER FAHRER Man sollte ihn immer im Auge behalten – häufig ist er der uneingeschränkte Machthaber im Bus. Das heißt, er bestimmt auch wo, wann, wie oft und ob überhaupt Pausen eingelegt werden.

Setzt er sich an einer Raststätte hin und bestellt sich ein Mittagessen, dann sollte man das auch tun, sonst hat man seine Chance auf etwas Essbares möglicherweise für die nächsten acht Stunden vergeigt. Macht er ohne offensichtlichen Grund eine Pause und unterhält sich stundenlang mit seinen Kollegen, dann, ja, dann ist das halt so.

DAS TOILETTEN-DILEMMA Einerseits sollte man ausreichend hydriert bleiben, um eine beschwerliche Busfahrt zu überstehen, andererseits gibt es wohl kaum etwas Schlimmeres, als eine volle Blase stundenlang bei jedem Schlagloch auf ihre Belastbarkeit zu testen. Patentrezept dagegen gibt es keins, das haben Dilemmas so an sich. Jeder muss eine Strategie finden, die am besten zu ihm passt. Hier ein paar Vorschläge:

»Das Lama«: Einfach aufhören zu trinken und die Speicher bei Ankunft erst wieder füllen.

»Strategisches Trinken«: Wird eine Pause angekündigt, trinkt man in so einem Zeitabstand davor, dass man theoretisch genau zur Pause aufs Klo muss. Vorsicht, birgt Risiken!

»Der Anarchist«: Man trinkt einfach, wann es einem passt, soviel es einem passt. Wenn man eine Pause braucht, bittet man den Fahrer anzuhalten. Wenn der sich unwillig zeigt, fängt man an, über menschliche Grundrechte und Freiheitsberaubung zu diskutieren. Kann auch klappen.

SICHERHEIT Okay, ernsthaft: Am Busbahnhof sollte man darauf achten, sein Ticket an der offiziellen Stelle zu kaufen. Nicht auf Personen eingehen, die einen direkt beim Betreten des Busbahnhofs zum Kauf eines Tickets drängen wollen. Besonders wichtig: Wertsachen beim Besteigen des Busses nie aus der Hand geben oder im Gepäckraum verstauen lassen.

So strapaziös Busreisen auch sein mögen, eins sollte man dennoch nicht vergessen: Sie sind die essenzielle Aktivität eines jeden Weltenbummlers – das eigentliche Fortkommen. Hier kann echtes Reisefeeling aufkommen. Wenn die Landschaft an einem vorbeizieht, fremde Gesichter einen neugierig anblicken und der Fahrtwind einem ins Gesicht bläst, wird man vielleicht plötzlich zugänglich für frische Ideen. Die Gedanken haben Raum zu schweifen. Man setzt sich selbst in Beziehung zu der Reise, als wären all die Erfahrungen Puzzleteile, die man neu anzuordnen versucht, um ein kompletteres Weltbild zu erhalten. Also warum die Ungeduld? Schließlich erlebt man hier den Grund des Aufbruchs: man reist.

Cloud

Oder: In der Datenwolke muss der Speicherplatz grenzenlos sein

Dies ist eine der wenigen Wolken, die dem smarten Weltenbummler gar nicht so unrecht sind. Denn diese hier bietet – einfach gesagt – die Möglichkeit, Daten auf virtuellem Speicher im Internet abzulegen. Der Vorteil liegt auf der Hand: Man kann überall darauf zugreifen. Das vereinfacht vieles. Es empfiehlt sich, sämtliche Bestätigungen und Dokumente zu hinterlegen, die im Lauf der Reise notwendig werden könnten. Dazu gehören Bescheinigung über die Auslandskrankenversicherung, → Reisepass, Impfpass, internationaler Führerschein, eventuell Buchungsbestätigungen.

Es müssen auch nicht nur bierernste Unterlagen sein. Man kann alles in die Wolke schieben, worauf man auf Reisen vielleicht gerne zugreift. Das Abschiedsfoto mit der Familie, ein paar Lieblingssongs, der letzte Brief des Partners – es wird Momente geben, in denen man glücklich ist, genau diese Dinge zur Verfügung zu haben. Selbst wenn der Computer oder das Smartphone den Geist aufgeben oder geklaut werden (was wir alle nicht hoffen) – diese Daten sind trotzdem nicht verloren und von jedem beliebigen Gerät aus abrufbar. Und man verschwendet keinen wertvollen Platz im Rucksack für irgendwelche Bestätigungen, die an Tag 2 schon zerknittern und ausfransen.

Eine persönliche Cloud bezieht man äußerst benutzerfreundlich beispielsweise über Google (Drive), Dropbox oder Amazon. Die kostenlosen Varianten bieten zwar begrenzten Speicherplatz, doch der reicht für Dokumente vollkommen aus. Für Weltenbummler besonders interessant: Google (Fotos) bietet inzwischen sogar unbegrenzten Webspace für Fotos und Videos in Full-HD-Auflösung an.

Mit einer romantischen Vorstellung müssen wir aber noch aufräumen. Die Datencloud ist in Wahrheit gar keine Wolke. Oder, wie ein schlauer Mensch aus dem Silicon Valley schon sagte: »There is no cloud, it's just someone else's computer.« Auch wenn die Angebote kostenlos sind, die großen Technikkonzerne haben gewiss nichts zu verschenken: Man bezahlt damit, dass die Daten zu Werbezwecken ausgewertet werden.

21 Computer
Oder: Der Alleskönner im Handgepäck

Bevor man wertvollen Platz im Gepäck für einen Laptop freiräumt, sollte man sich fragen, ob ein → Smartphone nicht ausreicht – schließlich genügt das für die gängigsten Anwendungsszenarien vollkommen (also Kontakt nach Hause halten, Hotel- und Flugbuchungen abwickeln, soziale Netzwerke, Kurzrecherchen, Navigation etc.). Ein Computer wird erst interessant, wenn man viel fotografiert und die anfallenden Daten gleich sichern und verwalten oder bearbeiten möchte. Auch Weltenbummler, die unterwegs viel schreiben oder gar »richtig« arbeiten (soll es ja auch geben) und eine (vernünftige) Tastatur benötigen, greifen wohl eher zum Laptop. Dann bleibt die Frage nach dem Modell. Speziell für das Reisen sollte man folgende Typen zumindest in Erwägung ziehen:

ULTRABOOK Die schlanke, stylische Schwester des Laptops und auf Reisen natürlich sehr praktisch, wegen des geringen Gewichts und der dünnen Bauweise. Technisch sind die Geräte auf dem neuesten Stand (hängt natürlich vom Preis und der gewünschten Konfiguration ab), Foto- und Videobearbeitung sind möglich. Also, ab in die Strandbar, einen Cocktail bestellen und so tun als würde man arbeiten – so sollte sich das digitale → nomade feeling schnell einstellen. Nachteil: Preise für Ultrabooks sind happig. Wer nicht aufwendig damit arbeitet, sollte sich fragen, ob er dann wirklich so eine 1000-Euro-Facebook-Maschine braucht.

NETBOOKS Laptops mit kleinerem Bildschirm. Können alles, was ein richtiger Laptop kann, sind wesentlich günstiger und handlicher. Wo liegt jetzt der Haken? Netbooks besitzen in der Regel etwas schlechtere Hardware als herkömmliche Notebooks, die Rechen- und Grafikleistung ist daher geringer. Standardaufgaben wie Textdokumente bearbeiten, Bilder anschauen und im Netz surfen funktionieren dennoch hervorragend.

TABLETS Tablets sind in der Regel nichts anderes als sehr große Smartphones. Das heißt, sie haben Betriebssysteme, die eher an das Smartphone erinnern als an richtige Computer. Ihre Stärken liegen ganz klar in der Mobilität. Wer also gerne unkompliziert auf Busfahrten Filme schaut, im Hostelbett liegend einen Skype-Anruf absetzt oder grundsätzlich einen schnellen Weg ins Internet schätzt, packt sich ein Tablet ein.

Eine Frage, die Reisende immer umtreibt, bleibt noch zu klären: Wohin mit all den wertvollen Fotos und Videos? Sie nur auf der Festplatte des Computers zu speichern ist riskant. Eine ganz sinnvolle Lösung ist immer der Upload in die Datenwolke (→ Cloud). Häufig sind jedoch Uploadgeschwindigkeiten unerträglich langsam, und das Hochladen sämtlicher Fotos ist kaum möglich. Hier bieten sich Sicherheitskopien auf diversen USB-Sticks an, die dann wiederum auf diverse Gepäckstücke verteilt werden. Übrigens: Einen USB-Stick kann man auch mal nach Hause schicken (→ Post).

22 Drogen
Oder: Rausch mit Risiko

Wer reist, erprobt sich selbst. Ein Reisender wächst an seinen Herausforderungen. Er erlebt fast jeden Tag etwas Neues, gerade das macht den Gang ins Unbekannte so aufregend. Das stärkt das Selbstvertrauen, schließlich feiert man ständig kleine Erfolgserlebnisse. Man behauptet sich in der großen weiten Welt.

Was hat das mit Drogen zu tun? Nun, Drogen können auf Reisen wie eine weitere Herausforderung wirken. Als müsse man, um das Erlebnis komplett zu machen, neben Machu Picchu und Angkor Wat auch noch einen Drogentrip »mitnehmen«. Das kann gut gehen, kann die Reise aber auch von einem Augenblick zum Nächsten in einen absoluten Höllentrip verwandeln. Allein der Besitz von kleinen Mengen vermeintlich weicher Drogen kann drakonisch bestraft werden – das sollte man im Hinterkopf behalten. Gefängnisse in Asien, Südamerika oder Afrika sind mit Sicherheit keine Wellnessoasen (kleiner Vorgeschmack gefällig?

Einfach mal »Bangkok Hilton« oder »Los Teques« googeln). In nicht wenigen Ländern kann man, wenn man mit Drogen erwischt wird, gleich sein Todesurteil unterschreiben. Aufgrund dieser eher mauen Aussichten sollte man sich fast schon glücklich schätzen, wenn der Beamte sich mit einem Bestechungsgeld zufriedengibt. Das Perfide ist: Wer Drogen kaufen möchte, begibt sich in ein Milieu, in dem er niemandem mehr trauen kann, in dem er mit allem rechnen muss und kein Recht auf seiner Seite hat. Ob man sich darauf einlassen möchte, muss natürlich jeder mit sich selbst ausmachen.

Außerdem gilt: Drogen, die im Heimatland »vertragen« werden, können im Ausland andere Wirkungen erzeugen. Entweder weil die Dosierungen und Zusammensetzungen im Zweifel stärker sind, oder weil man als Tourist echten Chemiemüll angeboten bekommt. Fazit: Einfach lassen!

Dschungel
Oder: Wo, bitte, geht's zum Wildlife?

Dschungel ist kein geschützter Begriff. Man darf ihn für alles verwenden: Großstadtdschungel, Paragrafendschungel, Behördendschungel –

so hört sich alles gleich viel abenteuerlicher an. Der Begriff hat zweifelsohne Power, da er maximal assoziativ aufgeladen ist: Ein Dschungel ist unübersichtlich, gesetzlos, schwer berechenbar, mysteriös, wild und, naja, uns würden sicher noch einige markige Adjektive einfallen. Wenn also der Satz »heute geht's in den Dschungel« aufgesagt wird, weiß jeder: Jetzt wird's krass.

Streng genommen spricht man bei einem Dschungel von einem tropi-

In the jungle, the mighty jungle …

schen Regenwald, diesen wiederum findet man aufgrund der klimatischen Voraussetzungen entlang des Äquators. Als Weltenbummler bieten sich also Dschungeltouren beispielsweise in Kolumbien, Peru, Brasilien, Bolivien, Venezuela, dem Kongo oder Indonesien an. Und es lohnt sich! Nirgendwo sonst spürt man, wie lebendig die Erde ist: die satten Farben der Flora, überall kreucht und fleucht es, die Geräusche der Tierwelt, und dann diese überwältigende Üppigkeit des scheinbar endlosen feuchten Waldes. Als Mensch irrt man hindurch wie ein Fremdkörper. Der Schweiß rinnt, die Insektenstiche jucken, jegliche Orientierungsversuche scheitern – irgendwie scheinen wir nicht für diesen Lebensraum gemacht zu sein.

Genau daher rührt jedoch die Faszination. Unsere menschliche Perspektive am Boden ist im Dschungel ohnehin nicht besonders sinnvoll: Im Baldachin, also im Kronendach aus Zweigen und Blättern bis zu 30 Metern über dem Boden, findet das eigentliche (Dschungel-)Leben statt, und die meisten Tiere und Pflanzen halten sich tatsächlich hier auf. Die Vielfalt in den tropischen Regenwäldern ist unglaublich groß: Obwohl nur 2 Prozent der Erdoberfläche von tropischen Regenwäldern bedeckt sind, leben hier 50 Prozent aller Tierarten. Leider lesen sich Statistiken zum tropischen Regenwald wie Schreckensnachrichten: So haben sich die Bestände aufgrund von Abholzungen in den letzten 50 Jahren halbiert.

Regenwälder sind besonders schützenswerte Systeme. Als Weltenbummler trägt man bei dem Besuch eines solchen Gebiets auch immer eine besondere Verantwortung. Dieser sollte man sich stellen und sich vorher genau informieren, wie ernst dem jeweiligen Veranstalter Nachhaltigkeit ist. Alleine sollte man einen Dschungel nie betreten, also immer vorher zumindest einen → Guide suchen.

Elektrizität

Oder: Immer genug Saft haben

Am besten legt man sich vor Abreise einen Universaladapter zu. Der ist nicht größer als eine Zigarettenschachtel und löst garantiert weltweit alle Kompatibilitätsherausforderungen. Im Idealfall hat er sogar eine USB-Ladebuchse, sodass man Smartphones oder Ähnliches anschließen kann. Sollte er mal verloren gehen, kann man ihn an Flughäfen und überall da, wo sich Touristen gerne tummeln, problemlos nachkaufen.

Wer einen längeren Ausflug in den Dschungel, ins Gebirge oder einen anderen entlegenen Ort plant und gerne fotografiert, sollte sich vorher informieren, ob in den Unterkünf-

Ordnung? Das Genie beherrscht das Chaos.

ten Elektrizität vorhanden ist. Falls nicht, schadet es nicht, einen Ersatzakku für die Kamera dabeizuhaben und sicherzustellen, dass man diesen auch vor Aufbruch geladen hat. Es gibt Regionen in der Welt, wo gelegentliche Stromausfälle zum Alltag gehören. In diesem Fall helfen eine Taschenlampe und – ganz wichtig – ein entspanntes Gemüt.

Essen

Oder: Reisen geht durch den Magen

Andere Länder, andere Sitten, andere Nahrung. Eine der ersten und zwangsläufigen »Begegnungen« im Ausland findet über das Essen statt, schließlich muss Mensch regelmäßig essen. Internationale Küche findet man natürlich in den deutschen Großstädten zuhauf, trotzdem schmeckt die deutsche Dönervariante ganz anders, als die, die man auf den Straßen Istanbuls findet (die berühmte Mischung aus Kraut, Tsatsiki und dickem Fladenbrot sind nämlich deutsche Dönervariationen). Auch die klassische Ente-Süßsauer beim Chinesen um die Ecke ist eine eingedeutschte Version. Daher erwarten den Weltenbummler im Ausland nach wie vor kulinarische Überraschungen.

Das täglich Brot: Lebensmittel

Je nach Region, muss man sich auch auf andere Hauptnahrungsmittel einstellen. Statt des täglichen Brots gibt es in Asien die tägliche Suppe und Reis. In Lateinamerika wird Maismehl für allerlei Leckereien verwendet. Milchprodukte wiederum sind in Asien eher rar, und für Käsefans sind viele Regionen in der Welt echte kulinarische Problemzonen. Und dann wäre da ja noch das »gute deutsche Brot«. Ja, das ist ein Klischee – die Deutschen und ihr Brot –, aber ein Fünkchen Wahrheit steckt eben auch darin. Man lasse einmal in einer Gruppe Langzeitreisender das Wort »Schwarzbrot« fallen, nur so als Test …

Dafür ist die Vielfalt an Früchten vielerorts fantastisch, und neue Gewürze und Gerüche ziehen den interessierten Weltenbummler direkt in den Bann.

Markt in Kambodscha: Präsentation ist alles.

Eine gewisse Bereitschaft, die Essgewohnheiten abzulegen, gehört also zum Reisen. Natürlich gibt es dann noch die ganz exotischen Speisen, die das europäischen Gemüt besonders herausfordern: Insekten, Innereien, generell die Teile vom Tier, die man auf der deutschen Speisekarte nicht findet, wie Hühnerblut und -füße, Gehirn, Lunge, Herz, Hoden. Wer sich bei → Garküchen nicht sicher ist, was da gerade gebraten wird, sollte entweder mutig probieren oder vorher fragen. Oder nachher, aber lieber nicht während des Essens. Um gegen die Sprachbarriere in Lokalen anzugehen, empfiehlt sich ein Bilderwörterbuch für das Bestellen. Man muss jedoch möglicherweise eine Weile blättern, um das Piktogramm für »einmal mit Pommes anstelle der Stierhoden« zu finden.

Lebensmittelvergiftung

Montezumas Rache, Delhi-Bauch, die gemeine Reisediarrhoe: Es gibt viele Bezeichnungen, und wir alle wissen, was damit gemeint ist (ganz genau: nichts Gutes). Durchfall und Erbrechen sind fiese Reisekrankheiten, die zwar meist harmlos (was raus muss, muss halt raus), dafür aber ultimativ nervig sind. Vor allem bei Reisen in Asien, Afrika südlich der Sahara und Südamerika ist das Risiko sehr hoch. Bei Durchfall und Erbrechen gilt zuallererst: viel trinken! Die größte Gefahr ist, durch den hohen Flüssigkeitsverlust zu dehydrieren. Außerdem sollte man darauf achten, dass der Mineralienhaushalt wieder in Gang kommt, deshalb gerne auch Zucker und Salz der Flüssigkeit hinzufügen (in Maßen!). Vielleicht hilft es, diese kleine Faustregel vor der Reise ins Notizbuch zu schreiben:

Cook it, boil it, peel it or forget it – Koch es, gar es, schäl es oder lass es! Diesen Satz sollte man sich gut merken, oder am besten gleich ins Notizbuch schreiben. Doch selbst dann ist man vor Durchfall nie gefeit. Im akuten Fall helfen Durchfallmittel (→ Reiseapotheke). Doch lindern sie nur die Symptome und beseitigen nicht die Ursache, daher sind sie auch nur kurzfristige Lösungen. Ein kleiner Lichtblick: Der Magen wird mit der Zeit robuster, wenn man sich einmal an die landestypische Küche und Bakterien gewöhnt hat. Also alles kein Grund, sich den Appetit verderben zu lassen.

इन्जो
खाजा

Stabile Schuhe sind für den Reisenden essentiell. Wenn man einmal ein gutes Paar gefunden hat, muss es gehegt und gepflegt werden. Glück hat, wer auf diesen kompetenten Schuhmacher trifft.

26 Europa

Oder: Das Gute liegt so nah!

Reisen in Europa macht vor allem aus einem Grund Spaß: Europa ist winzig! Man kann in Europa mehrere Länder durchqueren, die verschiedensten Sprachen, Kulturen und Gepflogenheiten kennenlernen, während man auf derselben Distanz in Amerika beispielsweise gerade einen Bundesstaat durchquert hätte. Das hat was! Europa ist geballte Vielfalt auf engstem Raum.

Dafür gibt es in Europa nichts mehr zu entdecken? Weit gefehlt: Der Kontinent hat so viel mehr zu bieten als die Mittelmeerküste, die Alpen und das Wochenende in London. Wie wäre es zum Beispiel mal mit folgenden Aktivitäten?

- Wandern im kleinsten Hochgebirge der Welt. Das Tatra-Gebirge in der Slowakei bietet kristallklare Bergseen und spektakuläre Landschaften.
- Wer kennt Chioggia? Der kleine Fischerort im Norden Italiens wird auch »Klein-Venedig« genannt. Alles natürlich etwas weniger überwältigend als im Original, dafür herrlich unbeschwert und friedlich.
- Eine Reise nach Lappland mit der schwedischen Inlandsbahn: 1300 Kilometer durch die nördliche Wildnis im beheizten Zug. Kann man mal machen. Es geht langsam voran, und ab und zu muss der Lokführer warten, bis die Rentiere und Elche über die Gleise spaziert sind.
- Der Fishermen's Trail in Portugal. Zugegebenermaßen, die südwestportugiesische Küste ist nun wahrlich kein Geheimtipp mehr. Dass es hier aber einen spektakulären Wanderweg gibt, weiß nicht jeder. Von der insgesamt 120 Kilometer langen Ruta Vicentina kann man wunderbar auch nur Teilstrecken laufen. Es erwarten einen steile Klippen, sandige Dünen, und im Idealfall schwimmen ein paar Delfine vorbei.

- Mal ein Partywochenende in Talinn oder Riga? Könnte legendär werden.
- Der Caminito del Rey in Andalusien: der gefährlichste Wanderweg Europas. Man läuft entlang kleiner Holzwege, die an hohen Sandsteinfelsen angebracht sind. Nur für Schwindelfreie.
- Istanbul: Der letzte Zipfel Europas – und die Stadt boomt. Vielfältig und pulsierend. Hier geht es richtig ab. Wer noch immer nicht dort war, verpasst etwas. Unbedingt ein paar Tage einplanen.
- Woolacombe Beach: In England an den Strand? Na klar. Der mehr als vier Kilometer lange und extrem breite Strand ist wunderschön.

In Europa kann man mit den Low-Cost-Airlines teilweise absurd günstig fliegen. Wer gern bodenständiger unterwegs ist, kann Europa auch mit dem Zug entdecken. Die Deutsche Bahn verkauft die Interrail-Pässe, Zugtickets, die für einen bestimmten Zeitraum gelten und zu Fahrten innerhalb eines oder mehrerer europäischer Länder berechtigen.

Fahrrad

Oder: Orte, die man auf zwei Rädern erkunden sollte

Der Drahtesel bietet sich öfter an als man denkt. Einerseits natürlich für Überlandfahrten, aktive Bergtouren oder andere Panoramastrecken. Andererseits werden Fahrräder auch in Großstädten immer beliebter. Zu Recht! Man kann einfach in der selben Zeit eine viel größere Fläche entdecken als zu Fuß. Trotzdem strampelt man durch Gassen und Stadtteile, die der gefürchtete rote Doppeldecker-Touristenbus nicht anfährt. In immer mehr Mega-Metropolen wie Bangkok oder New York, wo man alles andere als genau das erwartet hätte, werden neuerdings – tadaaa! – Fahrradtouren angeboten. Oft werden diese von Insidern

Drahtesel mieten und auf Erkundungstour gehen

geleitet, die einem spannende Orte der Stadt zeigen, abseits der üblichen Sehenswürdigkeiten. Die gesamte Ausrüstung wird selbstverständlich vom Veranstalter gestellt. Es macht Spaß, durch die engen Gassen von Chinatown in Bangkok zu fahren oder auf einer Foodtour jede Menge köstliches Streetfood zu probieren.

Wer auf wortwörtlich »abgefahrene« Touren steht und in Südamerika unterwegs ist, sollte sich folgendes Highlight vormerken: die sogenannte Death Road in Bolivien. Das heißt: in schwindelerregenden Höhen auf Mountainbikes die angeblich gefährlichste Strecke der Welt herunterbrettern. Kann direkt in La Paz gebucht werden. Ansonsten bieten viele Städte auch öffentlichen Fahrradverleih an, so steht einer individuellen Tour nichts mehr im Wege. In manchen Großstädten stellt die Stadtverwaltung auch öffentliche Fahrräder zur Verfügung. Man meldet sich für das Fahrradprogramm an, kann dann die Räder an einer der vielen Standorte entleihen und an einer anderen Station wieder zurückgeben. Dafür benötigt man meist eine Kreditkarte, die als Entleihschlüssel genutzt wird. So fühlt man sich fast wie ein *local*!

28 Filme

Oder: Die sieben besten Reiseabenteuer auf der Leinwand

Filme können einen vorübergehend in eine andere Welt entführen. Wenn die Sehnsucht nach der eigenen Reise zu groß wird, kann ein guter Film ein wenig Linderung verschaffen. Sie können auch Inspirationsquelle für den eigenen Aufbruch sein. Vor allem, wenn sie das Thema Reisen besonders bildgewaltig, gefühlvoll oder dramatisch näher bringen. Man suche sich also die größtmögliche HD-Glotze, nehme einen Eimer Popcorn auf den Schoß und knipse das Licht aus. Ach so, und natürlich vorher einen der folgenden Filme einlegen:

»INTO THE WILD« (2007, SEAN PENN) Ein Film über das Aussteigen aus dem kapitalistischen System, über die Suche nach der Wildnis und der eigenen Unabhängigkeit. Neben der tragischen Geschichte des jungen Einzelgängers ist die atemberaubende Natur Nordamerikas die zweite Protagonistin dieses Dramas.

»THE SECRET LIFE OF WALTER MITTY« (2013, BEN STILLER) Walter lebt ein unscheinbares Angestelltendasein, bis er seine Ängste überwindet, sein durchschnittliches Leben zurücklässt und über sich hinauswächst. Eigentlich will er nur seine Kollegin beeindrucken, entdeckt aber auch neue Seiten an sich. Seine Reise führt ihn unter anderem nach Island und Grönland. Der Film brilliert vor allem durch seine grandiosen Bilder der Schauplätze und einen inspirierenden Soundtrack. Man möchte Walter am liebsten sofort begleiten.

»L'AUBERGE ESPAGNOLE« (2002, CÉDRIC KLA-PISCH) Jeder, der mal im Ausland studiert hat (oder dies noch vorhat), sollte diesen Film (auf Deutsch: Barcelona für ein Jahr) sehen. Eine bunt gemixte Erasmus-Wohngemeinschaft in Barcelona ist die Bühne für typische WG-Streitigkeiten, Freund- und Liebschaften und Dramen. Ein hervorragender Coming-of-Age-Film über die turbulente Zeit im Auslandssemester.

»THE BEACH« (2000, Danny Boyle): Mittlerweile ist Thailand ein wahres Backpacker-Mekka und dieser Film hat sicher dazu beigetragen.

Dank brillanter Kameraarbeit werden die paradiesischen Traumstrände Thailands wunderschön inszeniert. »The Beach« handelt von der Suche nach dem perfekten Strand und einer alles andere als heilen Welt in einer Aussteigerkommune.

»VICKY CRISTINA BARCELONA« (2008, WOODY ALLEN)
Zwei Touristinnen aus den USA gehen in ihrem Spanienurlaub eine aufwühlende Dreiecksbeziehung ein. Sie schicken ihre Gefühlswelt gleich mit auf Reisen, finden neue Zugänge zur Liebe und entdecken neue Eigenschaften an sich selbst, nachdem sie ihrer Reiseroutine komplett den Rücken zugekehrt haben. Eine lebhaft, fröhliche Erfahrung. Barcelona bietet eine wunderbare Kulisse für diesen typischen, leichten Woody-Allen-Film.

»LITTLE MISS SUNSHINE« (2006, JONATHAN DAYTON, VALERIE FARIS)
Dass eine gemeinsame Reise, noch dazu in einem VW-Bus, Menschen verbindet, zeigt dieser herzergreifende Film. Die Teilnahme an einem Schönheitswettbewerb veranlasst eine Familie mit diversen Problemen zu einem Roadtrip durch die USA. Auch wenn es viele tragische Momente und Enttäuschungen gibt, zählt am Ende die gemeinsame Erfahrung.

Ein guter Film kann zum Aufbruch inspirieren.

»A MAP FOR SATURDAY« (2007, BROOK SILVA-BRAGA)
Eine sehr gute Dokumentation über das Langzeit-Backpacker-Dasein, die die Höhen und Tiefen des Reiselebens realistisch zeigt. Gemäß dem Titel ist für Langzeitreisende immer irgendwie Samstag – klar, wenn man nicht mehr von Montag bis Freitag ins Büro muss.

Flüge buchen

Oder: Wie man das günstigste Ticket findet

Wer reist, muss logischerweise von A nach B kommen. Zum Glück ist Fliegen in unseren Breitengraden kein großer Luxus (mehr). Die Vielzahl an Fluggesellschaften, Low-Cost-Anbietern (so genannte Billigairlines) und Internetsuchmaschinen führen zu erhöhtem Wettbewerb, und dieser wiederum zu sinkenden Preisen. Mit diesen Tipps findet man das günstigste Ticket:

Der gefährlichste Flughafen der Welt: Lukla, Nepal

AB INS NETZ Zuerst steuert man ein paar Suchmaschinen des Vertrauens im World Wide Web an. Hier verschafft man sich einen Überblick. Neben einem ersten Preischeck findet man so auch heraus, welche Airlines die gewünschte Route im Angebot haben und wo die Drehkreuze liegen.

DREHKREUZE NUTZEN Verbindungen von/zu Hauptdrehkreuzen (beispielsweise Frankfurt, Düsseldorf, München) sind oft günstiger als das Starten von kleinen Zubringerflughäfen. Dabei sollte man auch die der Nachbarstaaten in die Suche einbinden (wie Amsterdam, London, Paris etc.). Aber Achtung: Billigairlines wiederum nutzen gerne kleinere, da kostengünstigere, Flughäfen. Viele große Fluglinien bieten Rail & Fly an, also ein spottbilliges Zug-zum-Flug-Ticket.

FLEXIBILITÄT IST ALLES! Sonntags, montags und freitags sind viele Geschäftsleute unterwegs, also die Preise oben. Darum sind Flüge dienstags bis donnerstags günstiger. Das gilt auch für Ferienzeiten,

Feiertage und die Haupt-saison – wo viel Nach-frage, da eben auch teure Tickets. Auch die Tageszeit hat einen Einfluss auf die Preise, der erste Flug morgens um 6 Uhr ist meist weniger beliebt (= günstiger) als der etwas aufstehfreundlichere um 8 Uhr.

LEICHT UNTERWEGS SEIN Bei Billigfluglinien unbedingt die (Hand-)Gepäckbestimmungen checken, um eine schwergewichtige Überraschung am Flughafen zu vermeiden.

DIREKT BEI DEN AIRLINES SUCHEN Selbst wenn das Ticket über die Suchmaschine schon günstig ist, schaut man noch mal bei der Gesellschaft direkt vorbei. Schließlich verdient die Suchma-schine Provision für die Vermittlung!

30 Fotografieren
Oder: Mit fünf simplen Tricks sofort bessere Bilder

Was wäre eine Reise im Nachhinein ohne die vielen Fotos? Immer noch eine verdammt gute Erfahrung, aber die Erinnerungen verblassen eben. Doch das ist sowieso eine Binsenweisheit, denn wohin man auf Reisen schaut, die Leute knipsen, was das Zeug hält. Häufig wird ohne große Überlegung abgedrückt. Viele lassen sich von den unzähligen Einstel-lungsmöglichkeiten auf der eigenen Kamera abschrecken und denken, man müsse extrem technikaffin sein, um gute Fotos zu machen. Da ist sicher etwas dran: Wer in der Lage ist, seine Kamera manuell gut ein-zustellen, wird die Qualität seiner Bilder verbessern. Für den Beginn genügen jedoch ein paar einfache Tricks, um mit wenig Aufwand viel mehr aus seinen Aufnahmen herauszuholen.

1. WENIGER IST MEHR Der Tempel im Hintergrund, im Vordergrund der Ehemann, dann auch noch den lustigen anderen Touristen mit dem merkwürdigen Hut und ach, Mensch, noch einen Schritt zurück und dann passt schließlich auch noch der Einheimische mit dem Papagei drauf. Fertig ist das schlechte Urlaubsbild. Mehr ist nicht gleich besser, denn unruhige Bilder ohne jeglichen Fokus sind wenig aussagekräftig und nichts kommt richtig rüber. Deshalb besser: ein Motiv pro Bild.

2. DAS RICHTIGE LICHT Es soll Fotografen geben, die fotografieren nur bei günstigen Lichtverhältnissen. Das ist in der Regel kurz nach Sonnenaufgang und vor dem Sonnenuntergang, denn dann ist das Licht schön weich, und Farben erscheinen natürlich. Steht die Sonne im Zenit, ist das Licht sehr hart, und es entstehen unschöne Schatten. Auch die blaue Stunde, also die Stunde vor dem Sonnenauf- und nach dem Sonnenuntergang, bietet interessante Lichtverhältnisse. Wer gerne Nachtaufnahmen macht, braucht auf jeden Fall ein Stativ und eine lange Belichtungszeit (→ Kamera), sonst be-

Eine gute Fotografin trotzt Wind und Wetter.

kommt man verwackelte, rauschige Bilder. Bei schlechtem Wetter weicht man auf Makroaufnahmen aus, macht Indoorfotos oder probiert die Schwarz-Weiß-Fotografie.

3. DER GOLDENE SCHNITT Na, im Kunstunterricht aufgepasst? Für den goldenen Schnitt teilt man das Foto in drei gleiche Teile horizontal und vertikal. Das Hauptmotiv platziert man nun auf einer der Schnittlinien, so dass es eben nicht zentral in der Mitte ist. So wirkt das Bild gleich interessanter.

4. PERSPEKTIVWECHSEL
Augenhöhe ist unsere gewohnte Sicht, und meist fotografiert man auch aus dieser Höhe heraus. Ist ja auch viel bequemer! Für ein spannendes Foto muss man sich aber bewegen. Gerade bei Motiven, die man bereits millionenmal gesehen hat, ist ein Perspektivwechsel reizvoll. Also ruhig mal in die Knie gehen oder auf eine Mauer klettern, es lohnt sich.

5. PLATZ FÜR DAS MOTIV
Ein Motiv braucht Raum. Bewegliche Motive, wie ein Schiff, sollten immer Platz in Fahrtrichtung haben, also in das Bild hineinfahren. Gleiches gilt für den Blick einer Person oder die Laufrichtung eines Tieres. Das wirkt interessant und dynamisch.

Mit diesen Tipps macht man schon ohne viel technisches Know-how tolle Fotos. Ambitionierte Hobbyfotografen sollten dennoch die Bedienungsanleitung ihrer Kamera lesen, sich mit ein paar Grundlagen wie der Blende, dem ISO-Wert oder der Belichtungszeit beschäftigen. Vor allem wenn man eine → Kamera mit vielen manuell verstellbaren Einstellungen erwirbt, lohnt es sich.

Frau unterwegs
Oder: Periode und Pille in der Pampa

Für eine längere Reise überlegt Frau sich, wie sie das Thema Periode in Übersee am besten handhabt. Je nach Reiseziel und -dauer bieten sich drei Varianten an:

DER VORRAT Binden gibt es beinahe überall, aber Tampons sind in manchen Ländern tatsächlich schwer erhältlich. Auch kann es sein, dass Tampons nur in Apotheken in kleinen Packungen angeboten werden und daher verhältnismäßig teuer sind. Daher ist die erste Option: Einen großen Vorrat zulegen.

DIE PILLE Frauen, die mit der Pille verhüten, können im Zweifel die Periode durch Weglassen der Pause verschieben. Dies sollte man aber vorher mit dem Arzt besprechen. Die Pille kann man sich daheim vom Frauenarzt auch für einen längeren Zeitraum verschreiben lassen. Viele Präparate sind auch im Ausland erhältlich – manchmal heißen sie nur anders (Generika/anderer Markenname).

DIE »MOONCUP« Die Menstruationstasse, auch Mondtasse (Mooncup) genannt, ist eine praktische Erfindung. Es handelt sich um einen Silikonbecher, welcher wie ein Tampon eingeführt wird. Die Mooncup saugt allerdings das Menstruationsblut nicht auf, sondern sammelt es. Es gibt verschiedene Größen, und grundsätzlich fasst eine Menstruationstasse mehr Flüssigkeit als ein Tampon. Mindestens alle zwölf Stunden muss sie entleert und gereinigt werden. Das ist erst einmal gewöhnungsbedürftig, dafür ist die Mooncup wiederverwendbar und spart Geld und Volumen im Rucksack.

Führerschein

Oder: Wo der gewohnte Pappendeckel wertlos wird

3 2

Eine Langzeitreise lebt von der Abwechslung. Zwischendurch eine Etappe im Auto oder dem Roller zurücklegen? Immer doch! Aber das muss man führerscheintechnisch beachten:
Falls man innerhalb der EU unterwegs ist, reicht der »normale« Führerschein aus. Verlässt man die EU, ist es sinnvoll einen internationalen Führerschein mitzunehmen, weil man mögliche Anerkennungsprobleme von vornherein umgeht. Man kann den internationalen Führerschein bei der örtlichen Führerscheinstelle beantra-

gen (Kosten: 15 bis 20 €). Die Ausstellung erfolgt in der Regel nach wenigen Tagen. Falls man plant, in China, Japan oder Katar Auto zu fahren, unbedingt noch intensiver recherchieren, da es in diesen Ländern einige Besonderheiten zu beachten gilt. In den USA gilt man bis 25 als Jungfahrer und erhält einen Mietwagen nur mit Aufpreis. Unter 21 wird es in vielen Staaten gar nichts mit einem Mietwagen.

Ganz wichtig: Der internationale Führerschein ist nur in Verbindung mit dem nationalen Führerschein gültig, daher nicht vergessen beide einzustecken!

33 Garküchen
Oder: go local!

Frisch, frischer, (*food stall!*) Was in Deutschland immer mehr an Popularität gewinnt, ist in vielen Ländern eine echte kulinarische Tradition. *Food stalls* sind sogenannte Garküchen: mobile Miniküchen, die einem vielerorts an jeder Straßenkreuzung begegnen. Wägelchen, die mit einem Fahrrad oder Moped verbunden sind, werden im Handumdrehen zu kleinen Restaurants umfunktioniert, ein paar Hocker drumherum: fertig ist das mobile Lokal. Der Trend vom Essen auf der Straße ist bereits eine wahre kulinarische Bewegung: Food-Festivals boomen in Europa.

Vor allem in asiatischen Ländern nimmt man (oder Frau) die Mahlzeiten im Freien ein, was dem Weltenbummler sehr zugute kommt. Suppen, Kurzgebratenes aus dem Wok, Fleisch- und Fisch am Spieß, Pfannkuchen, frisch gepresste Säfte und Milkshakes, Kaffee, Insekten,

Die kulinarische Vielfalt Asiens ist weltberühmt.

manchmal sogar Ratte oder Schlange am Spieß – es gibt nichts, was es nicht gibt.

Aber auch in Südamerika wird Essen gut und günstig auf der Straße angeboten. Dort findet man Empanadas (Teigtaschen mit diversen Füllungen), Mais und landestypische Spezialitäten, beispielsweise Tacos in Mexiko oder Choripan (ein Brötchen, *pan*, mit Chorizo, einer würzigen Wurst) in Bolivien. Da es in vielen Ländern praktischerweise ganz alltäglich und sehr günstig ist, auswärts zu essen, findet der budgetbewusste Weltenbummler meist das preiswerteste Essen auf der Straße. Dazu kommt, dass man so die echte Küche eines Landes kennenlernt.

Garküchen kochen frisch, so dass die Gefahr, sich hier den Magen zu verderben, relativ gering ist. Um einer Lebensmittelvergiftung aus dem Weg zu gehen, sollte man diese Regeln beherzigen:

- Nase und Augen einsetzen: Was komisch riecht oder abstoßend aussieht lieber nicht essen.
- Der Herde folgen: Wo viele *locals* essen, ist die Qualität auch gut. Und günstig meist dazu.
- Auswahl: Auf Märkten gibt es immer auch einen *food court*, also eine Abteilung, in der sich viele Garküchen sammeln. Optimal, wenn man neu in einem Land ist, um sich erst einmal einen Überblick zu verschaffen. Nachtmärkte, die es oft in Asien gibt, sind zudem auch touristische Highlights.
- Heiß ist gut: Was für das Klima nicht jedermanns Sache ist, trifft für die Zubereitung des Essens in jedem Fall zu. Auf Bestellung gebratene Mahlzeiten sind meist besser verträglich, denn im heißen Wok sterben viele Keime ab. Alles was länger herumliegt ist schon etwas kritischer, da sich Bakterien ansammeln können.
- Weg mit der Schale: Frische Früchte sind köstlich – wer einmal eine Mango in der Karibik gegessen hat, wird die Supermarktmango in Deutschland schmähen. Am besten geschältes Obst wählen.

Und wenn es einen dann doch mal erwischt, dann Kopf hoch und hier weiterlesen → Essen/Lebensmittelvergiftung.

34 Gebirge

Oder: Für die, die hoch hinauswollen

In diesem Moment kraxeln unzählige Menschen in den Gebirgen dieser Erde umher. Sie laufen unentwegt. Auf und ab. Manchmal setzen sie sich kurz, trinken einen Schluck und stehen dann, ehe es zu gemütlich wird, wieder auf und laufen weiter. Am Abend werden sie zufrieden und mit roten Bäckchen in der Stube sitzen und sich über die »Magie«

Immer etwas Besonderes: der Blick vom Gipfel

der Berge austauschen. Sie werden von einem »einzigartigen Gefühl« sprechen, das sie bei Gebirgswanderungen ereilt und dabei Wörter benutzen, die dieses Gefühl bestenfalls vage eingrenzen: Den Kopf frei kriegen. Den Stress rauslaufen. Solche Dinge eben.

Das Gebirge übt offensichtlich eine gewisse, aber schwer beschreibbare Faszination auf uns Menschen aus. Eines kann jedoch ganz klar gesagt werden: Je höher man kommt, desto weiter kann man auch

schauen. Wie oft steht man auf einem Gipfel und ist sich einig, dass sich der strapaziöse Aufstieg allein wegen dieser einen atemberaubenden Aussicht gelohnt habe.

Gerade auf Langzeitreisen lassen sich jedoch immer wieder unerfahrene Touristen euphorisch auf Touren ins Gebirge ein. Spricht ja auch nichts dagegen, irgendwann ist immer das erste Mal. Dennoch sollte man ein paar Dinge beachten, auf die es am Berg ankommt.

- Die → Höhenkrankheit: ein Thema, das Anfänger oft unterschätzen.
- Eigenes Fitnesslevel realistisch einschätzen: Wandern im Gebirge ist anstrengender als im Flachland. Wer sich zu viel vornimmt, steht ziemlich dumm da, wenn ihm auf halber Strecke die Puste ausgeht.

- Wetterbericht beachten: Beim Bergwandern können Gewitter oder Schneestürme extrem gefährlich werden. Die Situation kann sich schlagartig ändern. Einheimische befragen – die können das Wetter meistens gut einschätzen.
- Früh aufbrechen: Die Luft und das Wetter sind frühmorgens meistens ohnehin am klarsten. Außerdem geht man der Gefahr aus dem Weg, die einbrechende Dunkelheit fürchten zu müssen. Diesen Wettlauf mit der Zeit möchte man nicht mitmachen.
- Ausreichend Proviant einpacken. Nicht auf die eine Berghütte verlassen, die laut Karte auf dem Weg liegt. Sie kann zufällig geschlossen sein, kein Essen vorrätig haben oder existiert vielleicht seit Jahren nicht mehr. Vor allem an genügend Flüssigkeit denken.
- Festes Schuhwerk (→ Kleidung): Mit den falschen Tretern kann die Wanderung schnell zur Rutschpartie werden.
- Zu guter Letzt: genießen. Wandern ist kein Wettbewerb, es kommt nicht auf Schnelligkeit an. Jeder muss seinen Rhythmus finden – nur so kann man die ganze Magie des Berges in sich aufsaugen!

Gefahren

Oder: Der schmale Grat zwischen Paranoia und Vorsicht.

35

Sicherheit auf Reisen ist ein wichtiges Thema. Man sollte es sehr ernst nehmen. Jeder sollte sich möglicher Gefahren im Zielgebiet bewusst sein und sich im besten Fall auch eine Strategie zurechtgelegt haben, wie man mit diesen umgeht. Dennoch sollte das in angemessenem Maß bleiben. Wer sich aus Angst vor drohenden Gefahren voll Misstrauen und Paranoia durch das Zielland bewegt, wird keine Augen für die Schönheit des Landes haben. Was noch viel schlimmer ist: Man wird die Reise nicht genießen können, und das wäre nun wirklich ziemlich schade. Also, möglichst cool bleiben. Folgende Überlegungen zum Thema Sicherheit können dabei helfen:

STAY CLEAN! Der größte Teil von Überfällen ereignet sich dann, wenn Reisende Drogen kaufen (wollen). Vielleicht sollte man während der Reise einfach mal davon absehen. Wer sturzbesoffen nachts allein aus der Bar torkelt, ist ein einfaches Opfer. Wenn man auf Reisen dennoch feiern möchte, sollte man in Gruppen nach Hause gehen, wenig Bargeld dabei haben und die teuren Gegenstände (Kamera, Smartphone oder Schmuck) gar nicht erst mitbringen.

KEEP COOL! Das eigene Bauchgefühl ist zuverlässiger, als man denkt. Wenn einem ein Angebot zu günstig vorkommt oder eine Person irgendwie windig wirkt, dann sollte man dieses Gefühl ernst nehmen. Kriminelle nutzen häufig unübersichtliche und hektische Sachlagen aus oder rufen diese ganz bewusst hervor, um ein Geschäft zu machen. Wenn man sich plötzlich in einer Situation wiederfindet, in der man – warum auch immer – Geld aushändigen, seinen Rucksack abgeben oder in ein Auto steigen soll, dann sollte man erst einmal versuchen, die Situation zu verlangsamen. Einfach kurz in sich gehen und eventuell mit dem Reisepartner besprechen.

Nicht alles was bedrohlich wirkt, ist gefährlich.

AUGEN AUF! Die größte Gefahrenquelle beim Reisen wird häufig unterschätzt – der Straßenverkehr. Weltenbummler durchqueren Länder, bei denen die Wahrscheinlichkeit im Straßenverkehr umzukommen mehr als achtmal höher ist als in Deutschland. Als Fußgänger kann man grundsätzlich nie davon ausgehen, dass Autos für einen bremsen. Bei öffentlichen Bussen muss jeder selbst abwägen, welchen Umständen man sich anvertrauen möchte. Wenn man allerdings erkennt, dass der Fahrer alkoholisiert ist oder das Fahrzeug wirklich untauglich ist, sollte man die Reißleine ziehen, bevor es zu spät ist.

Geld

Oder: Ohne Moos nix los!

Einen Geldkoffer wird man wohl nicht mitschleppen, und Reisechecks sind schon lange out. Um in fernen Ländern an Bares zu kommen, empfiehlt sich eine Kreditkarte – oder besser: zwei. Die Vorteile: Man holt sein Geld direkt vor Ort in der Landeswährung ab. Außerdem kann man auch kleinere Mengen Bargeld abheben. Mit Hunderten von Dollar in der Tasche möchte man schließlich in manchen Regionen nicht herumlaufen. Und man spart dadurch auch den Umtausch in die fremde Währung im Vorfeld – und damit Zeit, Geld und Nerven.

Es gibt Kreditkartenanbieter, wie die DKB Bank oder comdirekt, die eine kostenlose VISA-Karte samt Girokonto anbieten. Mit der VISA-Karte kann man weltweit kostenlos Geld abheben. Und wenn die Banken im Reiseland Gebühren verlangen, erstattet die Bank diese sogar zurück (das passiert allerdings nicht automatisch, kann aber unkompliziert per Mail geklärt werden). Dafür sollte man sicherheitshalber die Belege aufbewahren, auf denen die Gebühren aufgeführt sind.

Zusätzlich zur VISA-Karte empfiehlt es sich, auch eine Master-Karte dabei zu haben. In einigen Ländern arbeiten Banken nur mit einem der Systeme. Wenn man dann in einem kleinen Kaff mit nur einem Bankautomaten (ATM) nicht an sein Geld rankommt, steht man schon ziemlich dumm da. Generell gilt: Je ländlicher, abgelegener die Zielregion, desto genauer sollte man sich vorher informieren, ob es dort überhaupt Geldautomaten gibt.

Es kommt gelegentlich vor, dass Banken Kreditkarten sperren, wenn plötzlich Transaktionen im Ausland stattfinden, weil dies als Unregelmäßigkeit eingestuft wird. Dies sind Sicherheitsvorkehrungen der Bank. Daher lohnt es sich, die Bank über die geplante Reise in Kenntnis zu setzen. Ansonsten lässt sich durch einen Anruf und eine Authentifizierung die Karte rasch entsperren.

Ach ja, und bevor ein Flüchtigkeitsfehler passiert: Das Ablaufdatum der Kreditkarte sollte man vor der Reise auch einmal prüfen.

Klar, Online Banking ist immer auch ein Sicherheitsthema. Hier ein paar Tipps, um sein Geld zu schützen:

EIN SEPARATES REISEKONTO ANLEGEN. Meistens hat man sowieso ein Girokonto bei einer Bank, über das die regelmäßigen Ein- und Ausgänge fließen. Wenn man für die Reise dann ein Kreditkartenkonto eröffnet, kann man hier das Reisebudget verwalten. Ein separates Reisekonto erleichtert auch die Übersicht über die Ausgaben, und wenn man zu zweit unterwegs ist, kann man dieses gemeinsam nutzen.

EINEN DAUERAUFTRAG EINRICHTEN. Lieber regelmäßig das monatliche Reisebudget auf das Reisekonto überweisen (dafür kann man auch einen Dauerauftrag einrichten) als alles auf einmal einzahlen. Sollte mal etwas mit der Kreditkarte sein, so kann im Worst Case nur das auf dem Konto befindliche Vermögen und gegebenenfalls der Dispo gestohlen werden (daher ist ein Dispokredit auch nicht empfehlenswert).

BEGRENZUNGEN EINRICHTEN. Das Transaktionsvolumen lässt sich individuell festlegen. Wenn man sowieso keine Riesensummen überweist, kann man das Volumen auch grundsätzlich begrenzen. Selbst ein niedriges Verfügungsvolumen kann manuell auch mal hochgesetzt werden, beispielsweise wenn man einen teuren Flug bezahlen muss.

TANS UND PINS SICHER VERWAHREN. Erklärt sich von selbst. Die PIN sollte man sowieso im Kopf haben, statt sie aufzuschreiben. Und schon gar nicht im Portemonnaie oder in der Nähe der Kreditkarte aufbewahren!

NOTFALLNUMMERN KENNEN. Jede Bank hat eine 24 Stunden erreichbare Notfall-Hotline, die man unbedingt wissen muss.

Wenn die Kreditkarte gestohlen wurde, ist Zeit Geld. Die Karte muss sofort gesperrt werden.

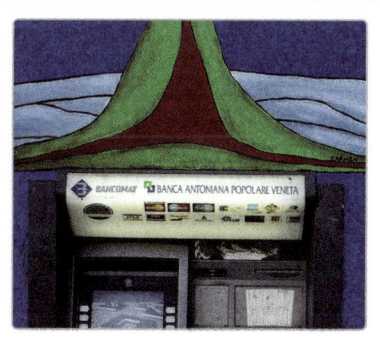

Der besondere Geldautomat auf der Insel Stromboli

EMERGENCY-CASH IN US-DOLLAR. Es gibt Situationen, in denen man Bargeld benötigt und kein Geldautomat in der Nähe ist. Zum Beispiel, um an einem Grenzübergang ein Visum zu bezahlen. Für solche Notfälle sollte man einen kleinen Bargeld-Notfallgroschen haben. Der US-Dollar ist immer noch die Weltwährung, auch wenn Euros in vielen Ländern ebenfalls akzeptiert werden. An so manchen Grenzübergängen wird penibel darauf geachtet, dass die Scheine einwandfrei sind, also ohne Knicke, Risse oder Beschriftungen.

DIE VERTRAUENSPERSON FÜR ALLE FÄLLE. Während man seine Reise plant, sollte man jemanden daheim bestimmen, der im Notfall hilft (→ Planung). Wenn alle Stricke reißen, kann diese Person Geld via Western Union schicken. Man sollte sie auch mit den wichtigen Informationen, Vollmachten und einer Passkopie ausstatten.

WENN DIE KREDITKARTE WEG IST. Okay, der Worst Case ist eingetreten: die Kreditkarte ist weg, verloren oder gestohlen. Oder sie ist beschädigt. Wenn man eine Zweitkarte hat, kann man diese nutzen. Eine Ersatzkarte kann man von der Bank anfordern, sie wird allerdings in den meisten Fällen nur an die Heimatadresse (also die bei der Bank hinterlegte Adresse) verschickt. Man könnte dann die Karte weitersenden lassen, dabei muss man auf einen möglichst sicheren Versand achten. Manche Banken bieten auch den Versand per Express ins Ausland an. Das ist zwar kostspielig, aber wenn die Reise noch lange dauert, kommt man manchmal kaum drumherum.

37 Geo-Arbitrage
Oder: Mehr vom Euro haben

Geo – was? Hinter diesem merkwürdigen Ausdruck versteckt sich das Ausnutzen von Preisdifferenzen an verschiedenen Märkten. Das bringt den Reisenden aus Europa in die angenehme Lage, mit dem Euro in manchen Ländern weiter zu kommen als daheim. Ein einfacher Kaufkraftvergleich ist der sogenannte Big-Mac-Index, der zeigt, wie viel der beliebte Hamburger der Fastfoodkette McDonald's in verschiedenen Ländern kostet: so beispielsweise in der Schweiz durchschnittlich 6,44 US-Dollar, in Deutschland 3,86 Dollar und in Venezuela 0,66 Dollar (Januar 2016).

In Ländern, in denen das Einkommensniveau sehr gering ist, sind auch die Preise für den alltäglichen Konsum niedrig. Im Klartext: Mit in Deutschland verdienten Euros kommt man in Thailand, Nepal oder Bolivien viel weiter. Moralisch kann man diese Tatsache heiß diskutieren. Globale Ungerechtigkeiten, (historisch gewachsene) Ausbeutungsverhältnisse, die miesen Arbeitsbedingungen in Entwicklungsländern – wir sind noch weit von einer gerechten Welt entfernt.

US-Präsident Obama soll es hier geschmeckt haben.

Als Weltenbummler kann man dennoch den Geo-Arbitrage nutzen, ohne ein (allzu) schlechtes Gewissen zu haben: Immerhin trägt man sein Geld und entsprechende Devisen in das Land. Wer sich bewusst für kleine, lokale Unternehmer entscheidet, unterstützt durch seinen Konsum die Gesellschaft vor Ort anstatt globale Konzerne. Als Reisender muss man sich darüber bewusst sein, welche Auswirkungen der eigene Konsum auf das Land hat (→ Nachhaltigkeit).

Gesicht wahren

Oder: Probleme auch mal weglächeln

Das Konzept des *saving face* spielt in Asien eine ganz tragende Rolle im zwischenmenschlichen Umgang. Egal wie hitzig die Situation ist – man sollte stets darauf achten, dass weder man selbst noch der Gesprächspartner das Gesicht verliert. Ich verliere beispielsweise mein Gesicht, indem ich mich aggressiv verhalte, religiöse Achtung vermissen lasse oder gewisse soziale Normen missachte. Ich sorge dafür, dass mein Gesprächspartner sein Gesicht verliert, indem ich ihn beispielsweise bloßstelle, ihn der Lüge bezichtige oder schlichtweg eine Einladung sehr direkt ausschlage. Natürlich sind das nur ausgewählte Beispiele, im Grunde sollte man einfach darauf achten, den Menschen res

Ein Lächeln kann einen weiten Weg gehen.

pektvoll zu begegnen und eine gewisse Sensibilität für mögliche interkulturelle Missverständnisse mitzubringen. Selbst wenn man sich offensichtlich unfair behandelt fühlt, weil beispielsweise ein Taxifahrer einen überhöhten Preis verlangt, ist das kein Grund, aggressiv oder laut zu werden – so wird man nie zu einer Einigung kommen, sondern die Fronten nur noch mehr verhärten.

Natürlich sind diese Kompetenzen auch außerhalb Asiens gefragt. Niemand möchte der peinliche, rüpelhafte Tourist sein. Andere zu belehren oder deren Traditionen zu kritisieren, kann man sich sparen. Schwärmen, wieviel »besser« alles in Deutschland läuft, kommt auch nicht gerade gut. Nicht vergessen: Auf der großen Weltbühne ist man auch immer als Repräsentant des eigenen Landes unterwegs. Dieser Verantwortung sollte man sich bewusst sein.

Gringo Trail
Oder: Lateinamerikas ausgetretene Pfade

Wer durch Zentral- und Südamerika reist, wird feststellen, dass er ziemlich häufig als Gringo (bzw. Frauen als Gringa) bezeichnet wird. Was bedeutet dieses Wort überhaupt?

Nun, ursprünglich wurden so US-Amerikaner bezeichnet, die nach Lateinamerika kamen. Es gibt mehrere Erklärungsversuche, woher der Begriff nun genau kommt. Möglicherweise vom spanischen *griego*, Grieche, da Griechisch früher als Inbegriff einer schwer verständlichen Sprache galt. Es gibt aber auch volksetymologische Theorien, die besagen, der Begriff habe sich aus dem Englischen *green go* herauskristallisiert, was auf den mexikanisch-amerikanischen Krieg zurückgeht, in dem die amerikanischen Streitkräfte grüne Soldatenröcke trugen. Inzwischen werden auch westlich anmutende Ausländer anderer Länder als Gringos bezeichnet. Je nachdem, wo man sich nun in Lateinamerika aufhält, ist das Wort etwas anders konnotiert. Vielerorts hat es einen leicht abwertenden Charakter. Wenn man als Weltenbummler von den Einheimischen Gringo genannt wird, sollte man das allerdings in keiner Weise negativ oder abwertend auffassen. Letztlich wird damit nur gesagt, dass man eben als »Nicht-Einheimischer« identifiziert wurde.

Kurios: Meerschweinchenrennen in Kolumbien

Anders als in Europa reist man in Südamerika entweder in die eine Richtung oder eben in die andere. Wenn man eine Reisenden in einer Stadt trifft, kann es gut sein, dass man ihm in anderen Städten auf der

Route wieder begegnet. Der Gringo Trail beschreibt genau diese legendäre Route von Mexiko bis ins Feuerland (oder eben andersherum). Eine Route, die millionenfach von Touristen durchlaufen wurde, da sie entlang der großen Sehenswürdigkeiten des Kontinents führt. Wer sich auf dem Gringo Trail befindet, kann sich also recht sicher sein, dass eine gute Infrastruktur für Reisende vorhanden ist und man eigentlich überall andere Backpacker trifft.

Ein Großteil des Trails führt entlang der Ruta Panamericana, einem Schnellstraßensystem, das sich auf 48.000 Kilometern von Alaska bis an den südlichsten Zipfel Südamerikas im Feuerland erstreckt. Die Strecke hat nur eine »Lücke« an der Nahtstelle zwischen Zentral- und Südamerika, also im Grenzgebiet zwischen Panama und Kolumbien, die auch als das Darién-Hindernis bekannt ist. In dieser Region, der Heimat indigener Völker, befinden sich Regenwald und Sumpf. Es gibt zwar keine befahrbaren Straßen, aber ein Netz von Wegen und Pfaden. Abenteuersuchende versuchen immer wieder, das Darién-Hindernis zu Fuß zu durchqueren. Zu empfehlen ist das nicht unbedingt: Auf der Route werden Drogen und Waffen geschmuggelt, und sie wird weitgehend von Guerillas kontrolliert.

Guide

Oder: Einer, der weiß, wo es langgeht

Selbst der erfahrenste Weltenbummler kommt nicht drumherum: Es gibt Situationen auf einer Reise, in denen es sehr sinnvoll sein kann, die Dienste eines kompetenten Reiseführers oder Guides zu nutzen. Wenn man beispielsweise die Anleitung eines erfahrenen Menschen braucht, wie beim Bergsteigen. Oder wenn man Gelände betritt, in welchen man geografische Orientierungshilfen braucht, beispielsweise bei Wandertouren abseits der Touristenpfade. Oder wenn man ein Gelände erkunden möchte, das für einen Unerfahrenen Gefahren birgt, wie ein Dschungel. Hier ist der Guide natürlich auch als Experte zu Flora und

Fauna am Wegesrand gefragt. Und zu guter Letzt ist er auch als interkultureller Mittler wertvoll – er kann nicht allein wegen der Sprache, sondern aufgrund seines Verständnisses der lokalen Gepflogenheiten als Türöffner für einen intensiveren Einblick in die Kultur des Ziellandes dienen.

All diese Kompetenzen kommen natürlich nicht immer getrennt voneinander zum Einsatz. In der Realität muss ein guter Guide alle oben genannten Dinge gleichzeitig während einer einzigen Tour in die Waagschale werfen. Man merkt schon, ein Guide trägt eine Menge Verantwortung – mitunter hängt nicht weniger als das Wohlbefinden der Reisegruppe an seinem Einsatz. Umso wichtiger ist es, sich einen vertrauenswürdigen Guide zu suchen.

Ein guter Guide ist ein echter Multitasker.

Worauf sollte man bei der Wahl eines Guides achten?

Wer seine Reise direkt von Deutschland aus bei den einschlägigen Reiseagenturen bucht, muss sich in der Regel keine Sorgen machen: Die Anforderungen an das Personal sind hoch, die Reiseleiter werden regelmäßig geschult. Als Individualreisender braucht man eher für einzelne Touren mal einen Guide. Man muss ihn also selbst im Zielland anheuern. Dabei sollte man unbedingt ein paar Dinge beachten:

- Nicht jeder, der sich für einen Guide ausgibt, ist auch einer: In Regionen mit touristisch attraktiven Gebirgen, wie beispielsweise Nepal oder Peru, wittern viele teils unausgebildete Menschen einen schnellen Verdienst als ungelernter Reiseleiter. Mitunter werden anspruchsvolle Bergtouren von Leuten angeboten, die nicht einmal die Grundlagen des Bergsteigens kennen. Also auf keinen Fall überrumpeln lassen oder voreilig den Zuschlag an einen absurd günstigen Anbieter geben.

- Empfehlungen von anderen Reisenden einholen: Mittlerweile ist selbst die kleinste Reiseagentur auf Bewertungsportalen wie Tripadvisor geführt. Um eine gewisse Tendenz zu erkennen, lohnt es sich immer, ein paar Einträge durchzulesen. Es wird allerdings auch viel Schmu mit den Bewertungen betrieben. Im besten Fall trifft man im Hostel oder in der Stadt andere Reisende, die die angestrebte Tour bereits hinter sich haben, und erkundigt sich nach deren persönlichen Erfahrungen.
- Die zur Verfügung gestellte Ausrüstung vorher anschauen. Wenn das Zelt schon Löcher hat, weiß man schnell, woran gespart wird.
- Eventuell nach zertifizierten Guides Ausschau halten: Wenn ein Bergführer der internationalen Vereinigung der Bergführerverbände (IVBV) oder auch dem Verband des Heimatlandes angehört, kann man davon ausgehen, dass er eine umfangreiche Ausbildung durchlaufen und sich in der Praxis bewährt hat.
- Mit dem Guide vor der Tour einmal sprechen: Oft ist es hilfreich, sich vorher kennenzulernen – ist man sich grundsätzlich sympathisch? Welche Erwartungen hat man an die Tour? Und welche Bedürfnisse? Schließlich wird man mit dem Guide eine gewisse Zeit verbringen und möchte diese auch genießen.

Heimat

41

Oder: Es ist kein Ort, sondern ein Gefühl

Als Weltenbummler wird man beinahe täglich gefragt: »Where are you from?« Wenngleich die Antwort meist leicht über die Lippen kommt, so steckt hinter dieser beiläufigen Frage etwas viel Bedeutsameres: Die eigene geografische Verortung in der Welt, die Heimat als Bezugspunkt im globalen Kosmos steht für die Dinge, die einen maßgeblich geprägt haben.

Die alles entscheidende Frage: Was ist Heimat? Eine einfache Definition liefert der Duden: »Land, Landesteil oder Ort, in dem man [geboren und] aufgewachsen ist oder sich durch ständigen Aufenthalt zu Hause fühlt (oft als gefühlsbetonter Ausdruck enger Verbundenheit gegenüber einer bestimmten Gegend)«.

Auch in der Fremde kann man heimisch werden.

Doch eine solche rein geografische Definition greift viel zu kurz. Heimat ist höchst subjektiv, denn wir Menschen sind total verschieden. Klar, für manche Menschen ist und bleibt Heimat das Reihenendhaus der Eltern in der kleinen Vorstadt. Da, wo man den Bäcker kennt und hinter dem großen Baum das erste Mal Flaschendrehen spielte. Aber Heimat kann sich auch verändern, man kann eine neue finden, eine weitere Heimat haben oder für sich entscheiden, dass das alles gar nichts mit einem realen Ort zu tun hat. Heimat, das können auch einfach nur die Menschen sein, bei denen man sich wohl fühlt und in all seiner Unvollkommenheit angenommen wird. Ganz gleich, wie man das Wort für sich selbst definiert, es ist am Ende nur eines: ein subjektives Gefühl. Und: Jeder, der seine Heimat (gefunden) hat, schätzt sich glücklich, sie zu haben.

42 Heimweh

Oder: Was tun, wenn der Reiseblues grüßen lässt?

Man kann bekanntlich alles von zwei Seiten betrachten. Hippes Partyhostel mit super Leuten – oder anstrengendes Mehrbettzimmer, in dem man nie seine Ruhe bekommt? Abenteuerliche Überlandfahrt mit Einheimischen als super authentische Erfahrung – oder doch nur eine weitere anstrengende Fahrt in einem viel zu vollen, stickigen Bus? Es gibt Phasen auf Langzeitreisen, da scheint der Optimismus zu verfliegen, und was vorher aufregend erschien, wirkt jetzt nur anstrengend. Man wünscht sich nur noch eines in solchen Momenten: nach Hause! Endlich im eigenen Bett schlafen, das Lieblingsessen genießen und mit der besten Freundin bei einer ordentlichen Tasse Kaffee über den neuesten Klatsch und Tratsch plaudern. Es kommt Sehnsucht nach ausgerechnet den Dingen auf, die man mal für eine Weile zurücklassen wollte: die Vertrautheiten aus der Heimat. Dann wieder gibt es Momente, in denen weiß man noch gar nicht so recht, warum man eigentlich so mürrisch ist. Eigentlich läuft doch alles nach Plan. Die Sonne lacht, der Strand ist so perfekt wie aus dem Reisekatalog, und man trinkt mit einem Strohhalm aus einer Kokosnuss. So lange hat man auf diese Reise hingefiebert und nun – irgendwie fühlt sich nichts mehr richtig an.

Irgendwann erwischt es jeden. Der Gegenpol zum Fernweh ist das Heimweh. Und je länger oder weiter man von seiner → Heimat entfernt ist, desto größer kann die Sehnsucht nach dem Zuhause werden, nach dem Bekannten, nach Geborgenheit und Sicherheit. Vielleicht ist man in dem Moment einfach überfordert von den neuen Eindrücken, oder etwas läuft so gar nicht nach Plan.

Erste Hilfe gegen Heimweh

Die Auslöser für Heimweh sind vielfältig, und jeder Mensch reagiert unterschiedlich. Dennoch helfen ein paar Tipps, um damit umzugehen:

DEN DRAHT ZUR HEIMAT NICHT ÜBERSTRAPAZIEREN! Es klingt etwas paradox: Gerade wenn das Heimweh besonders stark ist, möchte man doch viel Kontakt nach Hause haben. Es ist sicher auch hilfreich, offen mit den Liebsten zu sprechen und sich rückzuversichern, dass man genauso vermisst wird. Man sollte das allerdings nicht übertreiben, da man Gefahr läuft, dass sich das Heimweh so erst recht verstärkt und eine Abwärtsspirale entsteht, da man sich zu sehr abkapselt. Stundenlang in abgehackten Skype-Konferenzen zu hängen, ist sicherlich kein Mittel, um wieder in Reisestimmung zu kommen!

NEUE LEUTE UND ERLEBNISSE SUCHEN. Neue Freundschaften zu schließen ist eine gute Prophylaxe gegen Heimweh. Denn in Gesellschaft kommt man nicht so sehr ins Grübeln. Und wenn man doch einmal Heimweh hat, können die neuen Freunde zuhören. (Denn sicher geht es anderen auch mal so, und, Binsenweisheit, geteiltes Leid ist manchmal tatsächlich halbes Leid.)
Außerdem hilft es, neue Dinge auszuprobieren. Eine neue Sportart oder eine andere Sprache zu lernen lenkt die Konzentration auf ein Ziel. Lernerfolge motivieren, und Bewegung setzt Glückshormone frei.

AKZEPTIEREN, WENN ES SOWEIT IST. Wenn es einem mal nicht gut geht, sollte man das auch anerkennen und nicht verdrängen. Heimweh trifft auch Erwachsene, selbst erfahrenste Globetrotter sind davor nicht gefeit. Das Gute dabei: Heimweh ist gewiss keine unheilbare Krankheit und wird auch wieder vergehen. Am Ende geht man sogar gestärkt und selbstbewusster aus der Situation hervor.

43 Höhenkrankheit

Oder: Schnappatmung in den Bergen

Gebirgswanderungen oder Bergtouren sind oft ehrgeizige Unterfangen. Teil des Abenteuers ist es eben auch, sich (oder anderen) zu beweisen, wie fit und robust man ist. Gerade beim Aufstieg, wenn man sich euphorisch und fit fühlt, wird immer wieder wichtige Akklimatisierungszeit ausgelassen. Wegen der Höhenkrankheit kann dieser Hochmut jedoch fatale Folgen haben. Wanderungen und Bergbesteigungen auf mehr als 2500 Meter Höhe sollten niemals unterschätzt werden. Aber auch gewisse Städte liegen bereits extrem weit oben, sodass auch Nicht-Bergsteiger sich mit dem Thema Höhenkrankheit beschäftigen sollten. Vor allem in →Südamerika befinden sich sehr attraktive Ziele, wie Cusco in Peru oder La Paz in Bolivien, auf über 3000 Meter Höhe. Das Gemeine an der Krankheit ist: Sie kann jeden treffen. Weder körperliche Fitness noch Erfahrung sind entscheidende Faktoren. Selbst erfahrene nepalesische Sherpas, die im Himalaya leben, erkranken daran.

Mit zunehmender Höhe nimmt der Luftdruck ab, weshalb der Körper mit einer gesteigerten Atemfrequenz reagiert. Es kommt zu einer Sauerstoffunterversorgung in der Lunge. Daher gerät man auch weiter oben schneller außer Atem, und

Wird leider häufig unterschätzt: die Höhenkrankheit

quickfidele Mittdreißiger ächzen, als wären sie mal eben um Jahrzehnte gealtert. Man unterscheidet zwischen drei Formen der Höhenkrankheit:

HÖHEN- ODER BERGKRANKHEIT Die akute Höhenkrankheit (AMS = Acute Mountain Sickness) äußert sich durch Atemprobleme, auch in der Nacht im Ruhezustand, durch Übelkeit und Erbrechen, Appetitlosigkeit, Kopfschmerzen und Schwindel. Eine leichte Höhenkrankheit tritt relativ häufig bei Bergsteigern und Wanderern auf.

HÖHENHIRNÖDEM Wer nicht auf erste Symptome der Höhenkrankheit reagiert, der riskiert, ein Höhenhirnödem (HACE = High Altitude Cerebral Edema) zu entwickeln. Dies ist eine Schwellung des Gehirns, die absolut lebensbedrohlich ist. Anzeichen sind: Verwirrung, Schwindel, Erbrechen, Atemnot.

HÖHENLUNGENÖDEM Eine andere, ebenfalls lebensgefährliche Erkrankung ist das Höhenlungenödem (HAPE = High Altitude Pulmonary Edema). Wasser sammelt sich in der Lunge an, und das kann binnen kürzester Zeit zum Tod führen. Anzeichen sind ähnlich wie beim Höhenhirnödem. Hinzu kommen auch noch Husten mit Auswurf und ein Rasseln beim Atmen.

Was also tun?

Es gibt kein zugelassenes Medikament gegen die Höhenkrankheit. Auch eine hyperbare Kammer oder Sauerstoff aus Flaschen verschaffen nur kurzfristig Abhilfe. Die häufigste Ursache für die Höhenkrankheit ist die Torheit der Menschen: schnell sein zu wollen, keine Schwäche einzugestehen, Selbstüberschätzung und übertriebener Ehrgeiz.

Wer sich in große Höhen begibt, sollte folgende Regeln beherzigen:

- In Ruhe akklimatisieren: Ab Höhen über 2500 Meter pro Tag maximal weitere 300 bis 400 Höhenmeter aufsteigen. Am Tag höher aufzusteigen, aber an einem etwas tiefer gelegenen Platz zu schlafen, hilft dem Körper ebenfalls, sich zu akklimatisieren.
- Viel trinken, und zwar kein Bier, sondern viel Wasser
- Pausen machen
- Ab 3000 Meter Höhe lieber zwei Nächte akklimatisieren, bevor der Schlafplatz weiter nach oben verlagert wird.
- Achtsam sein: Wenn man Symptome der Höhenkrankheit bemerkt, unbedingt reagieren. Klingen die Symptome nicht durch Ruhe ab, sofort absteigen.
- Vorher gut informieren (Rettungsnotdienst, Guide, Versicherung), siehe → Gebirge

Denn die einzige Behandlungsmethode heißt tatsächlich: absteigen! Und zwar so schnell wie möglich. Häufig steigt ein Guide mit der betroffenen Person ab. Auch hier gilt: nicht denken, dass man nicht zur Last fallen will oder die Gruppe aufhält. Die Gesundheit steht über allem – das wird jeder akzeptieren. Gerade wer schwere Symptome von AMS oder gar HACE oder HAPE aufweist, muss dringend weiter hinunter.

Impfungen

Oder: Gönn' Dir den ersten Cocktail
schon vor der Reise

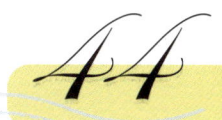

Schlechte Nachrichten für jene, die ein Kindheitstrauma vom »Pieks«
beim Onkel Doktor haben: Reisende müssen sich unbedingt rechtzeitig
diverse Impfungen abholen. Vor allem bei Fernreisen sind Impfungen
unumgänglich. Da manche erst nach einer gewissen Zeit wirksam werden bzw. auch mehrere Injektionen erfordern, sollte man diesen Punkt
auf der Checkliste direkt nach oben setzen. Zuallererst ist ein Anruf bei
Mama ratsam, wenn man seinen eigenen Impfpass (einen gelben
Papierausweis) nicht besitzt, wahrscheinlich liegt er noch bei den Kin-
derunterlagen. Mit dem Impfpass sucht man den Arzt seines Vertrauens
auf und lässt sich beraten. Es gibt Ärzte, die auf Tropenmedizin und
entsprechende Impfungen spezialisiert sind und auch die Lizenz haben,
besondere, nicht-standardmäßige Impfungen durchzuführen. Übrigens
zahlen viele Krankenkassen die Behandlungen, nachfragen lohnt sich!

Standard in Deutschland sind folgende Impfungen, die man in der
Regel im Kindesalter erhält, aber teilweise im Erwachsenenalter auffrischen muss.

- Diphtherie: Grundimmunisierung im Kindesalter, auffrischen alle
  zehn Jahre
- Tetanus (Wundstarrkrampf): siehe Diphtherie. Tetanus und Diphtherie werden als Kombinationspräparat geimpft. Also zwei Fliegen
  mit einer Spritze geschlagen!
- Poliomyelitis (Kinderlähmung): Grundimmunisierung im Kindesalter, eine Auffrischimpfung nach dem 18. Lebensjahr.
- Mumps, Masern, Röteln: Grundimmunisierung im Kindesalter, eine
  Auffrischimpfung im Erwachsenenalter, wenn man im Kindesalter
  nur eine Impfung hatte.
- Hepatitis B: Wer die Grundimmunisierung im Kindesalter erhalten
  hat, muss nicht mehr auffrischen.

Die benötigten Impfungen hängen vor allem von der Reiseregion und unter Umständen auch von der Reisezeit und -dauer ab (Regenzeiten beachten).

Das Reise-Impf-Einmaleins

HEPATITIS A Die Erkrankung äußert sich durch eine Leberentzündung und wird durch Viren verursacht. Meist erfolgt die Infektion durch verunreinigtes Trinkwasser oder eine Kontakt- bzw. Schmierinfektion (durch Kot/Urin oder verunreinigte Lebensmittel). Hepatitis A ist vor allem in Mittel- und Südamerika (inklusive Mexiko), Afrika und Asien häufig. Aber auch im Mittelmeerraum kommt sie vor und kann beispielsweise über Meeresfrüchte (Muscheln) übertragen werden. Die Impfung besteht aus zwei Injektionen, wobei die zweite Injektion zwischen sechs und zwölf Monaten nach der ersten erfolgt. Dafür hat man dann aber auch lebenslangen Schutz.

GELBFIEBER ist eine durch Stechmücken übertragene Infektionskrankheit. Vor allem in Mittel- und Südamerika sowie Afrika südlich der Sahara ist das Virus sehr verbreitet. Die Krankheit löst zuerst hohes Fieber aus, begleitet von Erbrechen, Schüttelfrost und Schmerzen. In der zweiten Phase werden Leber und Nieren geschädigt, und bei schweren Krankheitsverläufen liegt die Sterblichkeitsrate bei etwa 50 Prozent! Daher ist eine Impfung sehr ratsam. Es handelt sich um eine einmalige Impfung, die von einer offiziellen Gelbfieber-Impfstelle durchgeführt werden muss. Außerdem fordern manche Staaten, die von Gelbfieber bedroht sind, die Vorlage des Impfausweises bei Einreise aus einem von Gelbfieber betroffenen Land (auch wenn man dort nur im Transit war). Also: Impfen!

TOLLWUT oder Rabies kommt beinahe weltweit vor. Bei Reisen in Ländern mit vielen Straßentieren (vor allem Hunden), sollte man eine Tollwutimpfung in Erwägung ziehen. Tollwut wird über Tierbisse übertragen. Daher sollte man sich zweimal überlegen, welches Tier man gerne streichelt – auch wenn der Hund noch so süß ist. Die Impfung hat es in sich: Sehr häufig hat man an der Einstichstelle einen schmerzenden, blauen Fleck und häufig reagieren Menschen auch mit Fieber und Unwohlsein. Zudem besteht die Tollwutimpfung sogar aus drei Spritzen, die in ganz bestimmten Abständen verabreicht werden müssen: Die erste Spritze am Tag 0, die zweite am Tag 7, die dritte am Tag 28. Dennoch ist eine Immunisierung empfehlenswert, da eine Tollwutinfektion *immer* tödlich verläuft. Es gibt keine Behandlungsmöglichkeiten, außer eben dieser präventiven Impfung oder einer unmittelbar auf die Infektion folgenden Impfung. Doch das möchte man sich lieber nicht ausmalen: Dass man im tiefsten Dschungel gebissen wird und dann binnen 24 Stunden eine lebensrettende Impfung braucht …

TYPHUS wird über verunreinigtes Wasser oder Lebensmittel übertragen. Das Risiko ist vor allem in einfachen, unterentwickelten Regionen ohne Abwassersystem groß. Typhus verursacht Fieber, Erbrechen, Übelkeit, Durchfall und kann bei schweren Krankheitsverläufen tödlich enden. Die Impfung erfolgt in drei Stufen mit jeweils zwei Tagen Abstand.

JAPANISCHE ENZEPHALITIS Eine grippeähnliche Viruserkrankung, die vor allem in Ost- und Südostasien durch Stechmücken übertragen wird. Die Impfung erfolgt in zwei Stufen mit Abstand von 28 Tagen. Die Krankheit ist vor allem für Kinder sehr gefährlich und kann tödlich verlaufen.

Web-Tipp: Weiterführende und aktuelle Infos zu Impfungen erhält man bei der STIKO (Ständige Impfkommission) oder auch auf den Seiten des Robert Koch Instituts (RKI). Außerdem bieten viele Krankenkassen Informationsmaterial an und können bei der Arztsuche helfen.

Innere Einstellung

Oder: Jetzt nicht den Sand in den Kopf stecken!

Reisen ist auch ein Geisteszustand. Sagt man so. Wenn man mal darüber nachdenkt, ist wirklich etwas Wahres dran: Wer die Reise mit offenem Geist antritt, gibt sich die Chance, überrascht zu werden. Sowohl von sich selbst als auch vom Reiseziel. Es gibt kaum ein größeren Aha-Moment auf Reisen, als die Vorurteile schwinden zu sehen, die man sich manchmal ganz unbewusst im Kopf zurechtgelegt hat. Das geht nur, wenn man bereit ist, seine bestehenden Meinungen widerlegen zu lassen. Andersrum: Wer seine Vorurteile nur bestätigen möchte, wird genügend Gelegenheiten dazu finden. Wir denken häufig reflexartig in vereinfachenden Kategorien wie gut und schlecht, richtig oder falsch, schön oder hässlich. Wem es jedoch gelingt, Dinge einfach als »anders« stehen zu lassen, ist einen Schritt weiter. Wer sich neugierig zeigt, unvoreingenommen mit den Menschen spricht und bereit ist, sich überraschen zu lassen, wird am meisten über ein Land erfahren.

Hygiene

Oder: Wenn dort, wo das Klo sein sollte, nur ein Loch ist

Das erste Mal eine Hocktoilette (*squating toilet*) zu benutzen, ist gewöhnungsbedürftig. Man findet sie gerade in der islamischen Welt, aber auch in asiatischen Ländern oder Südeuropa. So geht's richtig: Oft gibt es Badelatschen vor den Toiletten, die der Hygiene dienen, damit man beispielsweise Bakterien nicht in Wohnräume weiterträgt. Man stellt sich auf die geriffelten und leicht erhöhten Standflächen. Dann einfach in die Hocke gehen und sein Geschäft verrichten.

Wenn es Toilettenpapier gibt, dann sollte man dieses nicht in die Toilette werfen. In der Regel steht dafür ein Mülleimer bereit. Manchmal gibt es nur einen Wasserschlauch oder Eimer mit einer Kelle- dieses Wasser ist dann zur persönlichen, aber auch zur Toilettenreinigung gedacht. Bei all der Theorie muss festgestellt werden: Übung macht den Meister!

Wenn Städte keine öffentlichen Toiletten fördern, muss man sich anderweitig behelfen. An Bahnhöfen und Flughäfen, aber auch in Museen, Büchereien, Restaurants, Einkaufszentren findet man immer ein stilles Örtchen. In vielen Ländern ist es allerdings üblich, eigenes Toilettenpapier dabeizuhaben oder es für wenig Geld direkt vor Ort zu erwerben. Auch ein kleines Desinfektionsmittel im Handgepäck ist sinnvoll, da es immer sein kann, dass der Wasseranschluss nicht funktioniert oder keine Seife vorhanden ist.

Internet

Oder: Die entscheidende Frage: »Do you have free Wifi?«

Das Internet hat nicht nur unser gesamtes Leben, sondern auch das Reisen revolutioniert. Die Aussage kann man getrost so stehen lassen. Warum? Reisen ist nicht mehr so, wie es vor dem Internet war. Sich durch einen Stapel Reiseführer wälzen? Reiserouten auf Landkarten einzeichnen? Ein paar vergilbte Fotos zum Zielland auftreiben? Das klingt fast so, als bräche Kolumbus zur Entdeckungsreise auf. Dabei ist das noch vor Kurzem die gewöhnliche Reisevorbereitung gewesen – die gar nicht mal so viel Älteren unter uns werden sich erinnern. Und jetzt? Ich kann virtuell zum Machu Picchu hochwandern, mir alle Geldautomaten in Kathmandu auf einer Landkarte anzeigen lassen oder mich darüber informieren, dass Viktor, 25, aus Litauen im »El Torro«-Restaurant in Buenos Aires »das schlechteste Steak aller Zeiten« gegessen hat. Ach was, ich kann noch viel mehr im Netz: Flüge buchen, Fotos anschauen, Reisepartner finden, Hotels buchen, Reisegeschichten durchlesen, Mama anrufen, mich auf einer Karte orten, Schilder in andere Sprachen übersetzen, Währungen umrechnen, Benzinpreise vergleichen, mich zu »angesagten Locations« navigieren lassen, Pizza bestellen, Parkplätze finden, Autos mieten und, na ja, und und und eben: Die Liste ließe sich ewig fortführen.

All diese Apps sind nützlich, sie machen das Reisen einfacher. Vieles lässt sich viel effizienter und schneller erledigen als früher. Hotel buchen? Zack, Handy raus, fertig. Aber: Apps wie Tripadvisor entmystifizieren Reisedestinationen. Ich erfahre schon vor dem Aufbruch, dass der Kellner in dem einen Restaurant in Leeds Tom heißt und manchmal schlecht gelaunt ist, dass Angkor Wat zwar beeindruckend, »das Drumherum« allerdings sehr stressig ist, und dass das rote Fahrrad beim Fahrradverleih an der Ecke in Quetzaltenango beim Bremsen quietscht. Eine wahre Flut an Informationen, nichts bleibt mehr im Dunkeln.

Internet ist mittlerweile (fast) überall verfügbar.

Doch was bringt uns das überhaupt? Nun, eine Destination, die früher exotisch und fremd wirkte, verliert möglicherweise ihre Bedrohung – man liest, dass Hans und Claudia, Menschen wie du und ich, schon vor vier Monaten in Nairobi waren. Und die haben sogar einen »Mandarinensaft zum Sterben« in der »Terrace Lounge« getrunken. Vielleicht traut man sich dadurch mehr zu, reist in Regionen, die einem vorher zu fremd gewesen wären. Man liest, dass es geht. Die Welt wird kleiner, erfahrbarer und verliert dadurch zusehends auch an Bedrohung. Sehr gut.

Das Erleben nicht verlernen!

Doch was passiert eigentlich noch, wenn man alles auf einer Skala zwischen 1 und 5 Sternen zu bewerten versucht? Wie soll man so überhaupt das Kolosseum oder den Grand Canyon bewerten? Kann das Taj

Mahal »besser« sein als der Beagle-Kanal in Patagonien? Ausgerechnet das Reisen, das in uns so viele Emotionen auslöst, dass wir manchmal kaum Worte dafür finden, sollen wir jetzt einfach so berechenbar machen? Das ist absurd. Wie viele Sterne gibt man dem Lächeln eines fremden Menschen in einer neuen Umgebung? Wie viele Sterne gibt man der Mauer, auf der man saß, ein Eis schleckte und mit sich ins Reine kam? Wie viele Sterne gibt man dem unvergesslichen Abend, als die Sonne gleißend rot ins Meer sank, man mit fremden Menschen lachte, während das Lagerfeuer die Gesichter erhitzte und der Sand zwischen den Zehen knisterte?

Reisen ist so viel mehr als ein oder fünf Sterne. Reisen ist subjektiv, Reisen ist pure Emotion – niemand sollte sich vom Internet sagen lassen, was sich auf einer Reise »lohnt«. Denn genau jetzt sind wir am springenden Punkt: Was bleibt von einer Reise, wenn man das Unvorhersehbare und das Unperfekte streicht, wenn man nur noch Fünf-Sterne Erfahrungen macht? Streicht man dann nicht genau das, was eine gelungene Reise ausmacht? Sind es nicht gerade die Dinge, die schiefgehen, von denen man nachher zu Hause voller Emotionen erzählt? Als man sich verlaufen hat und erst in der Dunkelheit in ein Hostel stolperte. Als man im Restaurant mit Händen und Füßen das gebratene Gemüse bestellt hat und trotzdem die Fischsuppe serviert bekam. Als man den letzten Bus verpasst hat und dann trampen musste, um weiterzukommen. Diese beispielhaften Situationen hätten durch diverse Apps verhindert werden können. Doch die Apps hätten genauso Begegnungen, Gefühle und Erfahrungen verhindert, die eine Reise in die Erinnerung brennen.

Das Internet also. Fluch und Segen zugleich? Irgendwie schon. Es macht vieles einfacher und zugänglicher, doch es tendiert dazu, das Reisen vorhersehbarer zu machen. Eher mal auf die innere Stimme zu lauschen und sich einfach treiben lassen – das sollten wir dadurch nicht verlernen.

Ein mediterraner Sehnsuchtsort: Die bunten Fassaden an den Häusern der italienischen Insel Procida sind schon von weitem erkennbar. Viele Touristen bleiben auf den Nachbarinseln Capri und Ischia.

48 Kamera

Oder: Die eierlegende Wollmilchsau finden

Eine Ernüchterung vorweg: Die perfekte Kamera gibt es nicht. Dafür ist die Technik mittlerweile so weit fortgeschritten, dass man mit allen Apparaten gute Reisefotos schießen kann. Denn: Nicht die Kamera macht das Bild, sondern der Mensch dahinter. Selbst mit dem → Smartphone kann man tolle Fotos machen.

Bevor man sich für eine Kamera entscheidet, muss man sich ein paar Fragen stellen:

- Was möchte ich fotografieren?
- Bin ich ein Knipser oder nehme ich mir genügend Zeit für die Bildkomposition?
- Wie schwer/groß darf meine Kamera sein?
- Möchte ich das Objektiv wechseln können?
- Möchte ich meine Bilder bearbeiten (RAW-Format notwendig)?
- Möchte ich mich mit der Technik beschäftigen?
- Und zu guter Letzt: Was darf die Kamera kosten?

Der Gang zum Fotogeschäft ist wichtig, schließlich muss man die Kameras auch mal ın der Hand halten, ein wenig rumspielen, die Menüführung testen und ein paar Probeaufnahmen machen. Welche Kameratypen kommen infrage?

DIE KOMPAKTE Eine Kompaktkamera kann eine kleine, leichte Knipse sein oder auch eine etwas größere Bridgekamera – ihr Merkmal ist das fest verbaute Objektiv. Dank des geringen Gewichts und ihrer Kompaktheit eignen sich diese Kameras für eine Reise sehr gut. Wer sich mit der Technik nicht beschäftigen möchte, nimmt eine Kamera mit Motiv-Modi (zum Beispiel Sonnenuntergang, Nacht, Landschaft, Porträts etc.). Die Kontrolle über das Foto erlangt man aber nur vollends, wenn die Kamera über manuelle Einstellungsmöglichkeiten verfügt: für den ISO Wert (der für das Bildrauschen entscheidend ist), die Blende (mit der man die Schärfentiefe regelt) und die Belichtungszeit (Langzeitbelichtungen sind beispielsweise für Wasserfälle oder Nachtaufnahmen relevant). Manche Kompaktkameras bieten dies bereits an. Außerdem gibt es wahre Zoomwunder unter den Kompaktkameras (gut für Tierfotos).

DIE SYSTEMKAMERA Echte Konkurrenz zur Spiegelreflex macht mittlerweile die Systemkamera. Durch den fehlenden Spiegelkasten ist sie leichter, kompakter und flacher. Trotzdem kann man die Objektive innerhalb des Systems wechseln und verfügt auch über manuelle Einstellungsmöglichkeiten. Auch bei der Bildqualität (hier ist mittlerweile die Sensorgröße entscheidender als die Pixelanzahl) stehen Systemkameras dem großen Bruder DSLR beinahe nichts nach. Dafür sind Systemkameras noch verhältnismäßig teuer, und die Auswahl an Objektiven ist geringer.

DIE SPIEGELREFLEXKAMERA (DSLR) Sie ist das Schwergewicht: An einer solchen Kamera lassen sich die Einstellungen manuell regulieren, was für mehr Kontrolle und Flexibilität sorgt. Außerdem kann man im RAW-Format fotografieren, um die Bilder später maximal bearbeiten zu können. Zudem verfügen Spiegelreflexkameras in der Regel über einen größeren Bildsensor, sodass die Qualität der Fotos auch bei schlechten Lichtverhältnissen noch ansehnlich ist. Sie haben zudem einen Sucher, durch den man das unverfälschte Foto sehen kann. Der Nachteil: Spiegelreflexkameras sind schwer und groß. Sie sind auffälliger, sodass man als Tourist mehr Aufmerksamkeit erregt.

WAS NOCH MIT MUSS Mindestens ein Ersatzakku ist Pflicht. Dann sollte man genügend Speicherkarten einpacken und, wenn man eine lange Reise unternimmt, die Datensicherung unterwegs mitbedenken (Laptop, Festplatte, (→ Cloud). Außerdem benötigt man eine gute, im Idealfall unauffällige Kameratasche, und wenn dann noch Platz ist, darf ein kleines Gorilla-Objektiv mit. Wer Nachtaufnahmen machen möchte, muss lange belichten, und dafür ist ein Stativ ein Muss. Ein Putztuch für das Objektiv gehört auch in die Kameratasche, schließlich lagern sich Staub und Regen auf der Linse ab und trüben das Bild.

49 Kinder

Oder: Mit Baby im Gepäck

Wer eine Langzeitreise oder größere Fernreise plant, der hört sicherlich nach Reaktion Nummer eins (»Hast du im Lotto gewonnen?«) direkt diesen Satz: »Ja, später mit Kindern geht das ja auch nicht mehr.« Das mag sicher ab dem Moment zutreffen, in dem die Kinder ein schulpflichtiges Alter erreicht haben. Doch vorher muss einfach mal direkt und entschieden gesagt werden: Und wie das geht!

Als »Family on Tour« lassen sich viele Abenteuer starten: ob mit einem Campervan durch Neuseeland, mit dem Mietwagen durch die Toskana oder mit dem Rucksack nach Thailand. Wie bei jeder Reise zählen die gute Organisation, eine ordentliche Reiseplanung und eine Portion Gelassenheit und Humor zu den Erfolgskriterien. Wer also mit Kind und Kegel die Welt unsicher machen möchte, sollte sich von sesshaften Nachbarn und ängstlichen Eltern nicht irritieren lassen. Wenn man sich und seiner Familie eine Reise zutraut, dann wird man diese auch gemeinsam meistern und viel Freude, Erinnerungen und Erfahrungen sammeln.

Kinder haben natürlich ihre individuellen Bedürfnisse. Und so gilt es, sie bei der Planung entsprechend zu berücksichtigen und altersgemäß daran zu beteiligen. Vor einer Reise kann man bereits mit dem Nachwuchs das Zielland im Kinderatlas suchen und sich gemeinsam inhaltlich mit der Tour beschäftigen. Womöglich sieht man dabei die Reisedestination mit ganz neuen Augen, nämlich mit Kinderaugen? Und während der Reise kommt man auch mit anderen Eltern in Kontakt und hat über die eigenen Kinder eine interessante Gesprächseröffnung. Ist eine Gesellschaft familienfreundlich, genießt man womöglich sogar Vorteile vor Ort.

Wie bei jeder Reise mit mehreren Menschen gilt: Je mehr Köpfe, desto mehr Kompromisse muss man eingehen. Und: Organisation ist alles! Die folgenden Punkte helfen dabei:

- Kinder benötigen ab Geburt ein eigenes Reisedokument: einen Kinderreisepass. In manchen Ländern, zum Beispiel in den USA, müssen Kinder sogar einen richtigen Reisepass (elektronischen Reisepass) besitzen.
- Unterkünfte mit eigener Küche sind vor allem bei Reisen mit Babys und Kleinkindern sehr praktisch.
- Babys und Kleinkinder fliegen bis zum zweiten Lebensjahr bei den meisten Airlines für eine geringe Gebühr beziehungsweise einen kleinen Prozentsatz des eigenen Tickets mit, haben dann aber auch keinen Anspruch auf einen eigenen Sitzplatz. Ab dem zweiten Lebensjahr müssen Kinder dann bereits einen eigenen Sitzplatz haben, und es wird deutlich teurer.
- Mit dem Kinderarzt die Reise und → Impfungen rechtzeitig besprechen.
- Eine Reiserücktrittsversicherung kann mit Kindern sinnvoll sein.

Kleidung

Oder: Pack nicht nur die Badehose ein

Als Langzeitreisender stellt die Kleiderwahl beim Packen mehrere Herausforderungen:

- Bei begrenztem Rucksackvolumen kann nur wenig mitgenommen werden.
- Praktisch muss es aber auch sein.
- Man muss möglichst viele Wetterlagen abdecken.
- Gut aussehen möchte man auch als Weltenbummler.

Das sind viele Anforderungen gleichzeitig, und man will man ja auch nichts falsch machen. Schließlich braucht man die Klamotten für eine lange Zeit. Glücklicherweise gibt es weltweit so gut wie alles zu kaufen. Wer zum Beispiel eigentlich nur tropische Inseln in Südostasien ansteuern wollte und sich dann doch spontan für Trekking in Nepal entscheidet, der kann in Kathmandu wirklich alles Nötige erwerben – von Funktionsshirts und -hosen über Mütze, Schal, Handschuh bis zur Daunenjacke. Andersherum findet man überall, wo der Strand nicht weit ist, auch einen Bikini.

Wer bei aller Funktionalität den modischen Aspekt nicht aus den Augen verlieren möchte, nimmt Kleidung in maximal drei verschiedenen Farben mit. So lassen sich Ober- und Unterteile kombinieren. Man tendiert dazu, eher zu viel einzupacken – Kleidung für eine Woche reicht aus, und dann muss man eben → waschen.

Auch wenn jeder Mensch individuelle Vorlieben hat, kann man diese Packliste zur Orientierung nutzen:

- 7x Unterwäsche, Frauen 3x BH
- 5x Socken, dazu 2x Sport bzw. Wandersocken
- 5x T-Shirts
- 1x Funktionsshirt (gut für Trekking)
- 1x lange Hose (wenn viel Trekking geplant ist, Funktionshose)
- 1x kurze Hose
- 1x Fleecejacke (leicht, trocknet schnell, hält super warm)
- 1x Softshelljacke (wind- und wasserdicht)
- 1x Badehose/Bikini
- 1x Relax-Hose (eine weiche Jogginghose fürs Hotel)
- 1x Schlafbekleidung
- 1x Flip-Flops
- 1x Turnschuhe/leichte Hikingschuhe
- 1x Sonnenbrille
- 1x Kopfbedeckung (Hut/Cap)
- 1x Buff (ein spezielles Halstuch, das auch als Mundschutz oder Kopfbedeckung genutzt werden kann)

Klar, je nachdem wo die Reise hingeht, benötigt man vielleicht noch das eine oder andere Extra. Wer viel am Strand liegen möchte, kann noch ein leichtes Kleid oder Strandtuch dabeihaben – gibt es aber auch vor Ort zu kaufen. Gerade in Asien sind Sarongs (große Tücher) echte Alleskönner: Ob als Rock im Tempel, als Strandtuch, als Wickelkleid – ein Sarong ist wahrlich praktisch und noch dazu im Rucksack schön klein.

Wer längere Touren plant, ob in der Wüste, im Dschungel oder in den Bergen, benötigt unter Umständen noch ein paar Wandersocken und Funktionsshirts mehr. Sie sind besonders atmungsaktiv und gleich am nächsten Morgen wieder trocken, wenn am Vorabend das Oberteil schnell durchgewaschen wurde. Um eine Regenjacke kommt man nicht herum, und, je nachdem wo,

Hat sich einfach bewährt: der Zwiebellook

wann und wie extensiv gewandert wird, kommt auch eine Regenhose in Betracht. Wegen der UV-Strahlung sollte eine Kopfbedeckung nie fehlen.

Was genau ist »festes Schuhwerk«?

Bei der Schuhfrage gehen die Meinungen auseinander: Ab wann man tatsächlich feste Wanderschuhe benötigt, muss jeder selbst entscheiden. Wer nur leichte Wanderungen plant, dem genügen auch gute Turn- oder leichte Hikingschuhe mit etwas mehr Profil. So genannte Trail-Running-Schuhe beispielsweise haben nicht viel Gewicht und dennoch ein stabiles Profil.

Wer hingegen im Himalaya trekken gehen möchte und mit Schnee und Eis rechnet, der sollte auf feste Wanderschuhe setzen. Der hohe Schaft schützt die Knöchel, wenn man mal umknickt. Dank des gröberen Profils und der dicken Sohle rutscht man nicht so leicht aus, und die Füße schmerzen weniger auf unwegsamen Boden. Vor Muskelkater bewahren die Schuhe einen zwar nicht, aber zumindest ist man mit ihnen gut zu Fuß! Und nicht vergessen: Wanderschuhe vor der großen Tour einlaufen! Sich auf der ersten Etappe gleich Blasen zu holen, kann eine komplette Wandertour ruinieren.

Übrigens: Man kann auch Wanderschuhe in vielen Städten der Welt kaufen. Dort, wo die Wohlhabenden des Landes leben, findet man Shoppingmalls mit internationalen Markenprodukten. Wer also erst mal gemütlich durch Südostasien reist und am Strand relaxt, der kann in Bangkok, Singapur oder Kuala Lumpur in ein Fachgeschäft gehen und Wanderschuhe kaufen. Und dann weiter nach Nepal zum Trekken ziehen – so spart man sich zumindest auf einem Teilstück der Reise das zusätzliche Gewicht. Gleiches gilt, wenn man über die USA in Richtung Südamerika aufbricht, auch hier kann man sich in den Einkaufszentren neu eindecken.

51 Kochen

Oder: Mach's dir selbst

Gerade auf Langzeitreisen bricht bei vielen die Sehnsucht nach der eigenen Küche aus. Nach Wochen auf Reis(e)diät können simple Spaghetti Napoli ein Gedicht sein. Glücklicherweise haben viele → **Unterkünfte** mittlerweile auch mit Gemeinschaftsküchen. Die Ausstattung und der hygienische Zustand variieren natürlich je nach Unterkunft stark. Hin und wieder ist also etwas Flexibilität gefragt. Häufig sind selbst in günstigsten Hostels viele Basics wie Öl, Salz, Pfeffer etc. bereits in der Küche vorhanden, und diese ist gemeinhin auch der Ort an dem, ähnlich wie in einer Wohngemeinschaft, das Sozialleben stattfindet. Wer gerne Weltenbummler aus allen Kontinenten kennenler-

nen will, hat beim gemeinsamen Kochen wunderbar Gelegenheit dazu. Wer allerdings nach einem langen Reisetag nur in Ruhe sein Essen zubereiten möchte, wird es vielleicht etwas anstrengend finden, die Herdplatten mit mehreren anderen teilen zu müssen.

Praktisch und ein Must-have für den Selbstverpfleger ist ein gutes Taschenmesser, Dosen- und Flaschenöffner sollten daran auch nicht fehlen. Auch eine sogenannte

Kulinarisch: beim Kochkurs in Kambodscha.

Spork (Spoon=Löffel + Fork=Gabel) ist ein kleiner Alleskönner und gehört in jeden Rucksack, ebenso ein robuster Metallbecher, der wahlweise für Müsli, Getränke oder Suppen herhalten kann.

Der Spaß am Kochen im Ausland beginnt natürlich schon vorher: Den Supermarkt nach anderen Produkten absuchen, auf dem Markt frisches Obst, Gemüse oder Delikatessen einkaufen, ist nicht nur eine Möglichkeit, das → Budget zu schonen, sondern auch mehr von der lokalen → Kultur zu lernen.

Krank sein

Oder: Irgendwann erwischt es jeden

52

Auf Reisen ist die Wahrscheinlichkeit krank zu werden wesentlich höher als zu Hause. Der Körper muss eben mit mehreren Veränderungen gleichzeitig fertig werden. Kommt bei den besten Weltenbummlern vor und ist eher ärgerlich wegen der schönen Reisezeit als tatsächlich bedrohlich.

Wer nur wenig Zeit zum Reisen hat, sollte seinen Körper trotzdem nicht von Beginn an überfordern. Eine geruhsame Umstellung auf den

»Reisemodus« kann Krankheiten vorbeugen. Wer die Gelegenheit hat, schon vor Reiseantritt den ein oder anderen freien Tag zu Hause zu verbringen, sollte versuchen langsam »runterzufahren«. Selbst wenn man es vor lauter Adrenalin und Vorfreude nicht wahrhaben möchte: Es lohnt manchmal, sich nicht Hals über Kopf in das Abenteuer zu stürzen – der Körper kämpft wenig später ohnehin an »mehreren Fronten«: mit der Zeitumstellung, der neuen Klimazone, dem anderen Essen. Nicht zu vergessen die psychische Anstrengung, die sich unweigerlich mit einer Ankunft in einer fremden Gegend einstellt.

Was kann man noch tun, um Krankheit auf Reisen zu vermeiden? Wichtig ist selbstverständlich, dass man die notwendigen → Impfungen erledigt hat. Eine persönliche kleine → Reiseapotheke gehört ebenfalls zur Grundausstattung – diese gibt es als kompakte Sets in der Apotheke. Wenn man sie selbst zusammenstellt oder auf eigene Medikamente angewiesen ist, sollte man deren Verfallsdatum im Blick haben. Außerdem dürfen einige Medikamente nicht allzu hohen Temperaturen ausgesetzt werden, für diesen Fall gibt es wärmeisolierende Beutel.

Der ungeliebte »Klassiker« unter den Reisekrankheiten ist natürlich »Magen-Darm«. Alles Wissenswerte hierzu, hatten wir bereits unter → Essen besprochen.

Falls man trotz aller Vorkehrungen ernsthaft krank wird, sollte man logischerweise seine Krankenversicherung informieren und einen Arzt aufsuchen.

53 Krankenversicherung

Oder: Was jeder braucht und keiner will

Auf Reisen krank zu werden oder gar einen Unfall zu haben ist eine unschöne Vorstellung. Genauso schlimm ist unter Umständen jedoch, in einer Notsituation keine Versicherung zu haben. Auslandskrankenversicherungen gibt es viele, man muss nur die Richtige für sich finden. Diese Übersicht hilft, sich im Versicherungsdschungel zu orientieren.

EUROPÄISCHE KRANKENVERSICHERUNGSKARTE

Wer in Europa unterwegs ist, der genießt den europäischen Versicherungsschutz. Auf der Rückseite der deutschen Versicherungskarte befindet sich die europäische (EHIC). Wer also innerhalb von Europa unvorhergesehen zum Arzt muss, kann sich im Aufenthaltsland behandeln lassen. Die Kosten übernimmt dann die deutsche gesetzliche Krankenversicherung. Achtung: Es werden nur die landestypischen öffentlichen Leistungen in vergleichbarer Höhe der Behandlungskosten im Heimatland  erstattet. Der Rücktransport nach Deutschland wird hingegen nicht übernommen. Allein dafür lohnt sich also eine private Reisekrankenversicherung.

AUSLANDS-JAHRESVERSICHERUNG
Die kleine Investition von durchschnittlich 10 bis 20 Euro im Jahr lohnt sich für jeden, der reist. Man denke allein an die hohen Kosten für einen Rücktransport nach Deutschland! Die Jahresversicherung für Reisen von bis zu sechs, manchmal auch acht Wochen sind günstig und decken auch Reisen außerhalb Europas ab.

LANGZEIT-REISEVERSICHERUNG
Okay, was aber, wenn man eben länger als 56 Tage reisen möchte? In dem Fall benötigt man die Auslandskrankenversicherung für Langzeitreisende. Die ist günstiger als viele erwarten. Die Tarife starten bereits bei etwa 30 Euro im Monat und hängen von der Reisedauer, dem eigenen Alter, Gesundheitszustand sowie den Zielländern ab. Wer in die USA und/oder Kanada reisen möchte, muss leider tiefer in die Tasche greifen. Da die Gesundheitsversorgung dort sehr teuer ist, verlangen die Versicherer hier Aufschläge.

Das sollte man bei einer Auslands-Krankenversicherung prüfen:
- Abdeckung der Behandlungskosten und Arzneimittel zu 100 Prozent
- Behandlung im Krankenhaus ohne Vorauszahlung des Versicherten

- Wird der »medizinisch notwendige« oder der »medizinisch sinnvolle« Rücktransport bezahlt? Medizinisch sinnvoll ist ein Rücktransport, wenn man beispielsweise zu Hause schneller genesen würde. Notwendig wäre ein Rücktransport nur dann, wenn eine Behandlung im Ausland unmöglich wäre. Es empfiehlt sich also, den »sinnvollen« Rücktransport abgedeckt zu haben.
- Gibt es eine Selbstbeteiligung und, wenn ja, in welcher Höhe?
- Sind Zahnbehandlungen inbegriffen?
- 24-Stunden-Notfallhotline

UND DIE VERSICHERUNG DAHEIM? Seit der Gesundheitsreform 2007 gilt in Deutschland die Versicherungspflicht. Das heißt, jeder in Deutschland gemeldete Bürger muss krankenversichert sein. Das Gute für Langzeitreisende: Die gesetzlichen Krankenversicherungen müssen einen Kunden auch ohne eine Anwartschaftsleistung wieder aufnehmen, egal in welchem Zustand er von einer Reise zurückkommt. Der Nachteil: Die Versicherungspflicht gilt auch, wenn man auf Reisen und weiterhin in Deutschland gemeldet ist. Allerdings muss man hier den Gesetzestext genau lesen: »Versicherungspflichtig sind (…) Personen, die keinen anderweitigen Anspruch auf Absicherung im Krankheitsfall haben« (SGB, §5 Abs. 13). Im Falle einer Langzeitreise ist aber genau das durch die private Auslandskrankenversicherung gewährleistet. Um sich unangenehme Missverständnisse zu ersparen, sollte man unbedingt mit der Krankenversicherung das Gespräch suchen. Die Nachweise der Reise (zum Beispiel durch Flugtickets) und der Auslandskrankenversicherung sollten genügen.

Für privat Versicherte sieht die Lage ein wenig anders aus: Die private Krankenversicherung muss einen zwar auch nach einer Langzeitreise wieder aufnehmen, allerdings hängen die Beitragshöhen maßgeblich vom Einstiegsalter und Gesundheitszustand ab. Daher empfiehlt es sich hier, einen Anwartschaftstarif für die Dauer der Reise abzuschließen. So sichert man sich die Bedingungen seines aktuellen Tarifes für die Zeit nach der Reise. Zugegebenermaßen war das nun etwas trocken – aber was muss, das muss.

Kultur

Oder: Irgendwie sind alle hier so … anders

Was reizt den Weltenbummler am Reisen? Eine gängige Antwort ist: neue Kulturen kennenzulernen! Irgendwie scheint jeder zu wissen, was mit diesem Schlagwort gemeint ist.

Und doch ist die Antwort darauf nicht ganz einfach. Kultur ist ein komplexer Begriff, der eine gesamte Wissenschaft begründet, nämlich die Kulturwissenschaft.

Unabhängig von den sozialwissenschaftlichen Diskursen um das Wort Kultur kann man vereinfacht festhalten: Kultur wird von Menschen gemacht. Sprache, Religion, Lebensart, die informellen und formellen Regeln des Zusammenlebens, all dies entsteht durch das

Voll bepackt: auf dem Markt in Vietnam

menschliche Miteinander in einer Gesellschaft. Natürlich prägen Rahmenbedingungen wie das politische System, Ökonomie und der historische Kontext eine Kultur maßgeblich.

Die sichtbaren Äußerungen von Kultur – wie Kunst, Brauchtümer oder auch das Essen – fallen dem Reisenden direkt auf. Kultur ist aber auch oft unsichtbar: Werte und Normen, Regeln des Zusammenlebens, die Gestaltung und Relevanz sozialer Beziehungen, unterschiedliches Brauchtum, Familienbild und so weiter.

Vorsicht ist vor allem im Reisekontext geboten, denn Kultur wird in der Regel im Kollektiv gedacht. Dann hat nicht ein Individuum eine Kultur, sondern eine Gesellschaft teilt eine Kultur. So wird das Individuum schnell zum Repräsentanten einer ganzen Kultur gemacht. Dabei sollte man sich darüber bewusst sein, dass jeder Mensch eben ein Individuum ist. Wir möchten schließlich auch als solches und nicht nur als

Deutsche wahrgenommen werden. Außerdem: Deutsche gelten als ordentlich und pünktlich. Trotzdem kennt jeder jemanden in seinem Umfeld, der total unordentlich ist und es auch mit der Zeit nicht so genau nimmt.

Wer unreflektiert in ein Land fährt, wird womöglich aufgrund weniger Erlebnisse Rückschlüsse auf eine ganze Gesellschaft ziehen. Oder nur Stereotype bestätigt finden. Der smarte Weltenbummler informiert sich daher vorab über das Zielland und behält trotz der Kenntnisse einen offenen, neugierigen Blick.

Und damit wären wir wieder beim Anfang: Wer den Menschen offen begegnet, wird mit viel authentischeren Begegnungen belohnt und lernt tatsächlich etwas über andere Kulturen.

55 Lateinamerika
Oder: ¿Hablas español?

Es gibt so viel zu erleben zwischen der trockenen Wüste Mexikos im Norden und den Gletschern Patagoniens im Süden des Kontinents. So ganz verwunderlich ist das nicht, schließlich liegen dazwischen gut 10 000 Kilometer Strecke. Und diese Strecke, da sind wir schon beim ersten für Südamerika typischen Thema, legt man als Weltenbummler hauptsächlich in Fernbussen zurück (→ Busreisen). Das Streckennetz ist quer über den Kontinent gut ausgebaut und erfahrungsgemäß durchaus zuverlässig. Distanzen sollte man, wie eigentlich immer außerhalb Europas, nicht unterschätzen. Wer Südamerika bereist, wird sich also der ein oder

Lateinamerika steckt voller Kuriositäten.

anderen erquicklichen Fünfzehn-Stunden-Fahrt stellen müssen. Viele Weltenbummler (und auch Einheimische) nutzen hierfür Nachtbusse, zum einen spart man die Kosten für eine Nacht im Hotel, zum anderen kann man die wertvolle Zeit am Tag natürlich sinnvoller nutzen.

Besonders in Argentinien, Chile und Peru wird man vom Komfort der Busse begeistert sein: riesige Sitze, die sich zum Bett herunterklappen lassen und ein On-Board-Service wie in einem Flugzeug sind keine Seltenheit. Dennoch: Bei manchen werden jetzt Alarmglocken angehen. Nachtbusse in Südamerika? Ist das nicht ein bisschen gewagt?

Also gut. Auf zum nächsten Thema: Sicherheit. Nun, sicher ist, dass die seriösen Buslinien erhebliche Sicherheitsvorkehrungen treffen (Pausen nur an bestimmten Raststätten, GPS-Tracking etc.), in aller Regel gehen die Fahrten auch gut über die Bühne. Ausschließen kann man natürlich nie etwas. Manche Strecken gelten als besonders gefährdet und sollten gänzlich gemieden werden (z. B. die Grenzregionen Kolumbien-Panama/Venezuela). Ansonsten ist Südamerika sicherer als sein Ruf. Man kann das beispielhaft an der Entwicklung Medellíns in Kolumbien festmachen: Eine Stadt, jahrelang geprägt von Drogensumpf und Kämpfen zwischen Paramilitärs und Guerillas, hat sich dank einer rigorosen Sicherheitspolitik und hohen Investitionen zu einer weltoffenen Kulturmetropole gemausert. Die Kolumbianer sind stolz auf diese Entwicklung und tun alles, damit Touristen sich in ihrem »neuen« Medellín wohlfühlen. Natürlich ist es in Südamerika besonders wichtig, auf allgemeine Regeln zur → Sicherheit zu achten – man wird jedoch schnell feststellen, dass normalerweise sehr entspanntes Reisen möglich ist und man in erster Linie auf herzliche Gastfreundschaft trifft.

Ein paar Spanisch-Grundkenntnisse gehören zur Lateinamerika-Tour einfach dazu. Das Gute ist, dass diese eine Sprache fast den gesamten Kontinent abdeckt. Wer einige Sätze drauf hat, wird nicht nur die Verständigung vereinfachen, sondern öffnet auch ein paar Herzen und

Türen auf dem Weg. Häufig wird allein der Versuch, sich in der Landessprache verständigen zu wollen, schon wertgeschätzt. Es ist aber schlichtweg auch praktisch, denn in sehr vielen Regionen sind Englischkenntnisse weit weniger verbreitet als man erwartet.

Irgendwie lebt eine Lateinamerika-Reise auch von den kleinen Kuriositäten am Wegesrand. Während man also die großen Highlights aufspürt und von Chichén Itzá in Richtung Angel Falls über Machu Picchu ins Feuerland tingelt, sollte man die Augen offen halten. Es wird sich lohnen. Man wird begeisterte Fans beim Meerschweinchenrennen auf den Straßen Bogotás sehen. Gestandene mexikanische Männer weinen unerbittliche Tränen der Melancholie, wenn die Mariachis ihre herzzerreißenden Stücke schmettern. Argentinische Fußballfans verleihen dem unvergessenen Maradona göttlichen Status, indem sie ihm an seinem Schrein huldigen. »Welche Verschwendung« – wird man denken, wenn Bolivianer den letzten Schluck ihres Bieres auf den Boden kippen. Bis man erfährt, dass dieser letzte Schluck Pachamama, die »Mutter der Erde«, gnädig stimmen soll. Tatsächlich ist Südamerika ein magischer Kontinent.

56 Lebenslauf
Oder: Mut zur Lücke

Weltenbummeln, Slow Travel, sich einfach mal treiben lassen? Schön und gut. Natürlich klingt das alles traumhaft. Aber jetzt mal ein Realitätscheck, woher soll man denn die Zeit dafür nehmen? In der Regel reichen 30 Tage Urlaub im Jahr nicht aus (wenn man diese denn überhaupt hat, denn der gesetzliche Mindesturlaubsanspruch in Deutschland beträgt gerade mal 20 Tage bei einer Fünftagewoche). Nun, man kann natürlich immer an einer Nahtstelle im Lebenslauf verreisen (also nach dem Abitur oder Studium), man kann bis zur Rente damit warten, und wenn man einen kooperativen Arbeitgeber hat, kann man sich ein → Sabbatical aushandeln. Was ist jedoch, wenn man mitten im

Berufsleben steckt und die Rente noch ein paar Jahrzehnte entfernt ist? Man kann doch nicht einfach kündigen und gehen! Hm, Moment mal. Oder kann man? Die Wahrheit ist doch: Letztlich bleibt gar nichts anderes übrig, wenn der Traum vom Langzeitreisen erfüllt werden soll. Für viele wirkt dieser Schritt drastisch, fast unverantwortlich. Was sollen potentielle zukünftige Arbeitgeber von einem halten? Nun, verkörpert man durch diesen mutigen Schritt nicht genau die Eigenschaften, die heutzutage im Arbeitsleben gesucht werden? Es lohnt sich, ein paar Gedankenspiele dazu anzustellen.

Es ist heutzutage kein Karrierekiller mehr, wenn man sich nach der Ausbildung, dem Studium oder, ja wirklich, auch im aktiven Berufsleben eine längere Auszeit nimmt. Denn statistisch gesehen wechseln Arbeitnehmer den Arbeitgeber im Durchschnitt alle vier Jahre. Zudem verändern sich Berufsbilder durch dynamische, globalisierte Märkte und erfordern flexible Anpassungen der Arbeitnehmer. Mit genau diesem Argument lässt sich eine Lücke im Lebenslauf wegen einer längeren Reise hervorragend vermarkten. Wer sich für eine Auszeit entscheidet, beweist:

- Entscheidungsfreude
- Mut zur Veränderung
- Planungs- und Organisationstalent (man denke alleine an die Budgeterstellung und Routenplanung)
- dass er sich auf unterschiedlichste Situationen flexibel einstellen und Stress gekonnt meistern kann
- Neugierde (beste Voraussetzung fürs Lernen)

Zudem bieten sich auf längeren Reisen hervorragende Möglichkeiten, etwas »Sinnvolles« (in diesem Zusammenhang = Vermarktbares) zu tun. Egal ob Work & Travel, → Volunteering oder ein erfolgreiches → Blogprojekt – es gibt Dutzende Aspekte einer Langzeitreise, die den eigenen Lebenslauf sogar aufwerten und das besondere Etwas geben. Last but not least hat ein Weltenbummler immer etwas zu erzählen und kann hervorragende Urlaubstipps geben, was im Umgang mit Vorgesetzten, Kollegen und Kunden ein Plus sein kann.

57 Lernen

Oder: Wie man Vergnügen und Sinnvolles verbindet

Wer reist, lernt gleichzeitig auch. Reisen bildet, wie es so schön heißt. Das geschieht einfach parallel, ohne dass man großartig etwas dafür tun muss. Und das Tolle daran ist, dass man unheimlich viel lernt, was in keinem Buch steht: Man vermag sich sicherer im Unbekannten zu bewegen, erwirbt Menschenkenntnis und sonst alles, was gerne so vage unter »den Horizont erweitern« zusammengefasst wird.

Es hat sich allerdings darüber hinaus bewährt, auf einer Reise etwas Handfestes zu lernen. Schließlich steht, anders als im Alltag daheim, jede Menge Zeit zur Verfügung, die will genutzt werden. Dabei lernt man mitunter ganz nebenbei Einheimische in lebensnahen Kontexten kennen. Soll heißen, im Idealfall kann man mal die Rolle des Touristen ablegen und einen unverfälschteren Zugang zu den Menschen erhalten. Manchmal kann man sich unkompliziert mit anderen Weltenbummlern zusammenschließen, um gemeinsam etwas zu erleben und Spaß zu haben. Beim Lernen von etwas Neuem sind der Fantasie keine Grenzen gesetzt. Hier mal ein paar unverbindliche Empfehlungen:

SPRACHKURSE Es ist ein altbewährter Klassiker auf Reisen – aber sehr effektiv, da man die erlernten Sprachkenntnisse gleich im realen Umfeld erproben kann. Mit Spanischkenntnissen durch Südamerika zu reisen, eröffnet gleich einen ganz anderen Zugang zu Land und Leuten.

SURFKURSE Surfer sprechen oft von einem ganz speziellen Gefühl: Sich perfekt mit dem Wasser verbinden, frühmorgens, wenn die Sonne aufgeht, schon mit dem Board unterm Arm ins Wasser gehen und abends voller Zufriedenheit die Erschöpfung am ganzen Körper spüren. An beliebten Surfspots werden häufig auch Camps durchgeführt, wo man mehrere Tage oder gleich Wochen mit Gleichgesinnten surfen lernt und gewissermaßen auch den zugehörigen Lifestyle zelebriert.

YOGA RETREATS Yoga kann die eigene Reiseerfahrung perfekt ergänzen. Das Reisen ist ja, genau wie das Yoga, eine intensive Selbsterfahrung. Wer auf der Suche nach etwas innerer Ruhe ist, schließt sich einem Meditationskurs an. In manchen Gebieten hat sich ein regelrechter Hype entwickelt, und es werden Kurse in allen möglichen Längen und Varianten angeboten.

FITNESS/SPORT Wer zu Hause Vereinssport betreibt und auf Reisen auf »seine« Sportart nicht verzichten will, kann sich einfach mal nach lokalen Vereinen im Reiseland umhören. Oft wird man mit offenen Armen empfangen. Die Leute schätzen in der Regel den interkulturellen Austausch mit Gleichgesinnten, und man selbst erhält neue Inspiration und Zugänge zum eigenen Sport. Wer auf Fitness steht, kann sich im örtlichen Studio nach flexiblen Trainingsmöglichkeiten erkundigen (→ Sport).

KOCHKURSE Es kommt nicht nur sensationell gut, wenn man seinen Freunden zu Hause ein zünftiges »Saik Ko Tirk Krote« servieren kann, ein pikantes Rindfleisch mit Gemüse und einer legendären süßscharfen Orangensauce aus Kambodscha – man wird auch vor Ort einen hochinteressanten Kurs erleben. In Asien beginnt ein Kochkurs oft mit einem Streifzug über den lokalen Markt, und man erhält endlich mal die Gelegenheit, mehr über all die so exotisch wirkenden Köstlichkeiten zu erfahren (und zu probieren, versteht sich von selbst).

Ein paar Empfehlungen: Wie wär's mit einem Kurs in … Bergsteigen, Klettern, Tangotanzen, kreativem Schreiben, Slacklining, Fotografieren, Parkour, Bildhauen, Gitarrespielen, Literatur oder Kunsthandwerk?

58 Liebe

Oder: Beziehungsstatus »Transatlantisch«

Liebe auf Reisen. Verliebt reisen. Sich auf Reisen verlieben. Sich vor dem Abreisen verlieben. Vor dem Verliebtsein abreisen. Verliebt zurückkehren. Ja, in welcher Konstellation auch immer man die Begriffe Liebe und Reise zusammenbringt: Es steckt immer eine romantische Tragik drin. Vielleicht birgt gerade das eine gewisse Anziehungskraft. Man verliebt

Gemeinsam durch Höhen und Tiefen einer Reise

sich ausgerechnet 9000 Kilometer entfernt von zu Hause. Wie kompliziert. Wie spannend! Schicksal?! Was sollte ein Weltenbummler also darüber wissen? Nun ja, vielleicht, dass das Leben manchmal ungeplante Wendungen nimmt? Dass man niemals nie sagen sollte? Dass es erstens anders kommt und zweitens als man denkt? Für dieses Thema gibt es eben keine Patentrezepte. Ein Urlaubsflirt. Der Partner fürs Leben. Eine Liebe auf Zeit. Gescheiterte Fernbeziehungen.

Gelungene Fernbeziehungen. Es hat eben alles schon mal in jeglicher Konstellation gegeben auf dieser Welt. Von daher einfach ganz pauschal. Wenn es passiert, passiert es! Love is all around – genieße es.

59 Literatur

Oder: Auf den Spuren der ganz Großen

Ob unterwegs oder in heimischen Gefilden: Literatur ergänzt eine Reise, öffnet neue Perspektiven und motiviert, das eigene ⟶ **Aben-**

teuer zu starten. Vor allem dann, wenn das Reisen das zentrale Thema des Buches ist. Sechs echte literarische Perlen sind:

TIZIANO TERZANI: FLIEGEN OHNE FLÜGEL (1998)

Terzani, der als »Spiegel«-Korrespondent mehrere Jahre in Asien gelebt hat und journalistisch tätig war, erhält von einem chinesischen Wahrsager die Weissagung, er werde bei einem Flugzeugabsturz ums Leben kommen und dürfe daher ein Jahr lang nicht fliegen. Terzani beherzt den Ratschlag und reist fortan nur noch über den Land- oder Wasserweg. Diese Verlangsamung erlaubt ihm eine genaue Beobachtung. Er besucht immer wieder Wahrsager und Hellseher und spürt auf seinen Reisen der asiatischen Seele zwischen Tradition und Moderne nach.

ROGER WILLEMSEN: DIE ENDEN DER WELT (2010)

Der einflussreiche deutsche Autor bereist 23 Stellen dieser Erde, die des Titels »Ende der Welt« würdig scheinen. Was geschieht in diesen Orten? Was macht ein Ende aus? Diesen Fragen nähert sich Willemsen unter Verwendung seines unverwechselbaren Stils. Nicht immer sind es die geographischen Enden der Welt, manchmal auch die gänzlich subjektiven. In jeder der insgesamt 23 Erzählungen sucht Willemsen die großen, philosophischen Themen: Leben, Sterben, Beginn und Abschied.

JON KRAKAUER: IN EISIGE HÖHEN (1998)

Ein Bergsteigerdrama, basierend auf der wahren Tragödie, die sich 1996 am Fuße des Mount Everest in Nepal ereignete. Der Journalist und Bergsteiger Krakauer wird auf eine kommerzielle Expedition auf den Mount Everest, den höchsten Berg der Welt, gesendet, um diese journalistisch zu begleiten. Eigentlich soll er über die Kommerzialisierung schreiben, doch stattdessen erlebt er hautnah eines der größten alpinen Dramen mit. Ein fesselndes Buch über die unerbittliche Macht der Natur, den Hochmut des Menschen und eine faszinierende Bergwelt im Himalaya.

ALAIN DE BOTTON: DIE KUNST DES REISENS
(2002) Der Philosoph de Botton spürt der Faszination des Reisens nach. In neun Kapiteln, die er mit persönlichen Anekdoten anreichert, beschreibt er die verschiedenen Facetten: den Aufbruch und die Euphorie, die (zu) hohen Erwartungen, die verschiedenen Arten des Reisens und letzten Endes die Rückkehr. Gespickt sind seine charmant erzählten Beobachtungen mit Bezügen zu historischen Figuren und Künstlern.

RYSZARD KAPU CI SKI: AFRIKANISCHES FIEBER
(1998) Der polnische Autor und Journalist ist ein wahrer Afrikaexperte, da er über vierzig Jahre lang auf dem »schwarzen Kontinent« unterwegs war. Er begleitete Staatsgründungen und Putsche, Bürgerkriege und Katastrophen journalistisch. In seinem Buch nimmt er den Leser mit zu verschiedenen Stationen seiner Reisen und eröffnet tiefe Einblicke in Leben, Kultur und Politik Afrikas. Dieses Buch hilft auch heute noch, die Unruhen und Konflikte Afrikas besser zu verstehen.

BRUCE CHATWIN: IN PATAGONIEN (1977)
Ein wahrer Klassiker unter den Reiseromanen vom großen Bruce Chatwin. Der Brite erkundigte den Süden Argentiniens und Chiles für vier Monate und schreibt über die beeindruckende Natur und die Einwohner. Sein Roman setzte Maßstäbe in der Reiseliteratur und ist nicht nur für Südamerika-Liebhaber eine Pflichtlektüre.

60 Lizenzen
Oder: Reisen bildet (aus)

Langzeitreisen kann süchtig machen. Wirklich. Das ist auch okay. Aber das Wort süchtig ist einfach zu negativ belegt. Also sagen wir eben: Weltenbummeln ist so super, dass man es immer wieder tun will. Und weil dem so ist, braucht man einen vernünftigen Plan, um dies in die Tat umzusetzen. Irgendwie wollen die Cocktails am Strand ja schließlich bezahlt werden. Ein für manchen bewährter Weg ist es, beim Reisen eine handfeste Tätigkeit zu erlernen, die einem später, an den paradiesischen Orten der Welt, zu einer Anstellung verhilft. Im Idealfall erwirbt man eine Lizenz, die einen nachweislich zur Ausübung einer Tätigkeit qualifiziert. Folgende Lizenzen sind immer gut:

TAUCHSCHEIN Kleine Faustregel: Wo getaucht wird, ist ein Weltenbummler eigentlich immer gut aufgehoben. Ob das nun Spots in Australien, Indonesien oder Ägypten sind: Das Setting hat immer etwas von Aussteigeridylle. Wer selbst Kurse geben möchte, landet recht schnell bei der Professional Association of Diving Instructors (PADI). Inzwischen gibt es weltweit 6200 Tauchbasen, die PADI-zertifizierte Kurse anbieten. Als zukünftiger Tauchtrainer sollte man sich um eine Technical Instructor Certification bemühen.

PARAGLIDING Über die schönsten Gipfel dieser Welt gleiten und sich so das Reisen finanzieren, *anyone?* Kann man sich mal überlegen. Man muss schwindelfrei sein und am besten einen A-Schein erwerben, dieser ist so was wie der Führerschein für Paraglider. Für Kurs und Prüfung fallen allerdings erst einmal rund 800 Euro an. Könnte ein lohnender Invest sein, wenn man später an den bergigen Orten dieser Welt Tandemsprünge anbietet.

SURFLEHRER *Hang Loose!* Surfen ist mehr als nur ein Sport. Es ist ein unbeschwerter Lifestyle, der wunderbar zum Reisen passt. Wer an den besten Spots Surflehrer werden möchte, sollte seine ISA-zertifizierte Lizenz in den Rucksack packen. Diese kann in Surfcamps weltweit erworben werden. Die Kosten variieren stark, je nach Land.

Natürlich sind die oben genannten Aktivitäten nicht jedermanns Sache. Aber es muss ja nicht immer Extremsport sein. Knowhow aller Art kann man sich beim Reisen zunutze machen. Warum nicht anderen Reisenden die Haare schneiden, im Zielland Deutschkurse geben oder Yogastunden anbieten? Wer etwas Handfestes kann, ist immer klar im Vorteil. Die Vorteile sind ja nicht nur finanzielle: Man kann sich besser auf einen Ort einlassen und ein Reiseziel aus einer anderen Perspektive kennenlernen.

61 Mehrbettzimmer
Oder: Dos und Don'ts im Matratzenlager

Weltenbummler mit kleinerem Budget kommen kaum drumherum, sich zumindest einmal mit dem Thema Mehrbettzimmer auseinanderzusetzen. Vor allem Alleinreisende können hier nämlich richtig sparen: Einzelzimmer sind in der Regel kein guter Deal, da sie, wenn überhaupt, nur geringfügig günstiger sind als Doppelzimmer. Bei Mehrbettzimmern, auf internationalem Parkett Dorms genannt, mietet man nur ein Bett – den Raum muss man sich mit anderen Sparfüchsen teilen. In der Regel wird es günstiger, je mehr Betten in dem Schlafsaal untergebracht sind. Das können bis zu 16 Betten sein, dann wird es stickig – äh – kuschelig.

»Dormrooms«: die günstige Alternative zum Hotel

Aber das ist die Stärke des Dorms: Wer Reisepartner sucht oder seine Abende in Gesellschaft verbringen möchte, findet hier schnell Anschluss. Meistens herrscht eine lockere Atmosphäre, und die Leute gehen sehr offen aufeinander zu. Je nach Ausstattung des Hostels gibt es Gemeinschaftsräume, eine Küche für Selbstversorger und eine Bar. Häufig werden auch gemeinsame Feiern organisiert oder Ausflüge zu den Sehenswürdigkeiten der Region angeboten. Hier bleibt wirklich keiner einsam.

Hostels mit Mehrbettzimmern findet man vor allem entlang der bei Backpackern beliebten Reiserouten in Asien und Südamerika. In Europa und Nordamerika eher in den bekannten Großstädten. Dass sich hier eher jüngere, preisbewusste Weltenbummler tummeln, versteht sich von selbst. Dennoch führen immer mehr Hostels eine Altersobergrenze ein, um sicherzustellen, dass die Low-Budget-Betten für diejenigen reserviert sind, die finanziell noch nicht so stabil aufgestellt sind. Vielleicht möchte man auch drohende (Generations-)Konflikte gar nicht erst aufkommen lassen.

Apropos Konflikte. Wer eine Übernachtung im Dorm bucht, sollte wissen, was er tut, und bereit sein, sich auch voll darauf einzulassen. Man sollte damit leben können, dass Menschen sehr unterschiedliche soziale Normen haben und damit auch komplett andere Auffassungen darüber, wie das Zusammenleben im Matratzenlager vonstatten gehen sollte. Sprich: Ein gesundes Maß an Toleranz gegenüber anderen ist Voraussetzung, damit man Spaß an der Sache hat. Natürlich muss man sich nicht alles gefallen lassen. Wenn plötzlich nachts um 4 die Anlage aufgedreht wird und einem das Bier des Bettnachbarn auf den Kopf tropft (ja, ist alles schon passiert), kann man schon mal höflich sagen, dass man das gerade nicht ganz so super findet. Was aber genauso wenig geht ist, sich in ein Dorm in einem Partyhostel einzumieten, um 9 Uhr das Licht auszuknipsen und jedem, der nicht brav im Bett liegt, eine Standpauke zu halten (ja, ist auch schon passiert). Diese Spaßbremse möchte man ganz sicher nicht sein. Wer also seine Ruhe sucht, Wert auf etwas Privatsphäre legt und nichts von anderen Menschen wissen will, sollte sich das Abenteuer Mehrbettzimmer von vornherein gar nicht erst zumuten. Sonst leiden alle Beteiligten darunter. Und auch wem es Unbehagen bereitet, abends mal neben einer wildfremden Person die Zähne zu putzen, sollte es sich lieber noch mal überlegen. Grundsätzlich aber sollte jeder einmal ausprobieren, wie er so in einem Mehrbettzimmer zurechtkommt. Denn eins ist sicher: Man wird sich mit interessanten Menschen aus aller Herren Länder austauschen – allein das ist schon eine Bereicherung. Man könnte dort also eine wahnsinnig gute Zeit haben. Und auschecken kann man immer.

62 Nachhaltigkeit

Oder: Wie man seinen Fußabdruck klein hält

Laut einer Studie der Welttourismusorganisation reisten im Jahr 2015 rund 1,2 Milliarden Menschen. Wir Deutschen machen einen großen Anteil daran aus, was uns immer wieder den Titel »Reiseweltmeister« beschert. Bei all dem Fernweh und der Faszination für das Entdecken der Welt möchte man eigentlich nicht darüber nachdenken, welche negativen Folgen das hohe Reisevolumen auf unsere Umwelt hat. Es sollte aber zum Verantwortungsbewusstsein eines jeden Weltenbummlers gehören, diese Aspekte zu berücksichtigen. Schließlich möchten wir diese wunderschöne Welt, die uns heute fasziniert, auch für unsere Kinder und Enkel erhalten.

Grundgedanke des nachhaltigen Reisens ist es, die Auswirkungen des eigenen Verhaltens auf die Umwelt zu bedenken. Es gibt bereits erste

Siegel und Anbieter, die mit »sanftem Tourismus« werben. Informativ ist auch der »Green Passport« des United Nations Environment Programme. Jeder kann individuell etwas dafür tun, seinen ökologischen Fußabdruck klein zu halten. Ein paar Gedankenanstöße:

LANGSAM REISEN Wer langsam unterwegs ist, erlebt ein Land viel intensiver und bewusster. So lernt man mehr über eine andere Kultur und die lokale Lebensart kennen. Wer Zeit hat, könnte beispielsweise durch → **WWOOFen** auf einer ökologischen Farm arbeiten und sich dadurch in die lokale Gesellschaft integrieren.

AUF FLÜGE VERZICHTEN Das Flugzeug ist eine tolle Erfindung! Umweltfreundlicher sind trotzdem die langsameren Verkehrsmittel über Land oder See. Wenn es also möglich ist, sollte man auf

Flüge verzichten. Wenn man aber fliegen muss, dann kann man bei sogenannten Kompensationsagenturen den Co2-Verbrauch berechnen und durch eine Spende ausgleichen. Die Luft wird zwar trotzdem verschmutzt, aber mit der Spende unterstützt man Klimaprojekte. Empfehlenswerte Agenturen sind Atmosfair, MyClimate, Arktik oder auch Climate Partner.

MINIMALISTISCH REISEN Weltenbummler, die mit leichtem Gepäck reisen, schonen nicht nur ihren Rücken, sondern auch die Umwelt. Denn mehr Gewicht verursacht bei Flügen auch mehr Emissionen.

BEWUSST KONSUMIEREN Je nach Reiseland ist die Kaufkraft von Deutschen recht groß (→ Geo-Arbitrage), so dass man einen nicht unerheblichen Einfluss auf die lokale Wirtschaft nehmen kann. Man sollte sich also genau überlegen, ob man sein Geld bei einer internationalen Hotel- oder Restaurantkette lässt, von deren Gewinnen die lokale Bevölkerung kaum profitiert. Nachhaltiger wäre es, kleinere ortsansässige Unternehmen zu unterstützen, wo man die Person, die das Geld bekommt, sogar persönlich kennenlernen kann. Die Reisekasse entlastet das auch, da einen hier in der Regel fairere Preise erwarten. Dass meistens auch besser gekocht wird, steht ohnehin außer Frage. Darüber hinaus sollte man nicht nur darüber reflektieren, wo man konsumiert, sondern auch was. Ein No-Go ist zum Beispiel, Souvenirs von bedrohten Tierarten oder Fossilien zu kaufen. Auch das Elefantenreiten in Thailand steht seit Jahren in der Kritik, da die Dickhäuter nicht artgerecht gehalten oder gar misshandelt werden.

Zu guter Letzt: Daheim wie in der Ferne …
- Regionale und saisonale Produkte kaufen
- Müll minimieren und recyceln
- Unnötigen Konsum vermeiden
- Fahrrad oder öffentliche Verkehrsmittel dem Auto vorziehen
- Ressourcen schonen: Wasser und Strom sparsam verwenden

- Auf Natur und Tiere Rücksicht nehmen, vor allem bei Wanderungen oder Ausflügen in den Dschungel
- Keine Souvenirs von bedrohten Tierarten kaufen
- Mit den Menschen vor Ort respektvoll umgehen und lokale Gepflogenheiten (→ Kultur, → Religion) achten

63 Nordamerika
Oder: Unendliche Weiten bereisen

Ein Reiseziel, das die Sehnsucht nach Freiheit verkörpert wie kein anderes. Jeder kennt den Mythos vom Easy Rider, der als unbekümmerter Individualist schier endlose, staubige, sich erst im Horizont verlierende Highways entlangbrettert. Tatsächlich macht eine Nordamerika-Tour allein deshalb schon Spaß, weil man sich ständig vorkommt wie der Hauptdarsteller in einem Hollywoodstreifen. Und wie viele man davon anscheinend schon konsumiert hat, wird einem auf der Fahrt erst so richtig deutlich. So viele Schauplätze und typisch amerikanische Gepflogenheiten kommen einem seltsam vertraut vor, auch wenn man zum ersten Mal da ist.

Es ist gewiss kein Zufall, dass das Konzept des Road-Movie aus den USA stammt, schließlich muss man oft irrwitzige Distanzen fahren, um von A nach B zu kommen. Es kann durchaus sein, dass man von einem Bundesstaat in den nächsten eine Strecke zurücklegt, bei der man in Europa bereits fünf verschiedene Länder durchquert hätte. Diese Distanzen muss man lieben, man muss sie als Teil des Abenteuers begreifen, damit ein Nordamerika-Trip Spaß macht.

Land der unendlichen Eindrücke

Nun kommt man natürlich nicht nur nach Nordamerika, um im Auto zu sitzen. Obwohl: Es ist erstaunlich was alles möglich ist, *ohne* den Fahrersitz zu verlassen: Geld abheben, Einkaufen, ins Kino gehen, Restaurants »besuchen«, seine Stimme bei der Wahl abgeben und, kein Scherz, aufgebahrte Verstorbene betrachten (*Drive-Thru casket viewing*). Sehr praktisch.

Es soll allerdings auch Weltenbummler geben, die ihr Auto sogar in Nordamerika vorübergehend verlassen haben. Diese berichten unter anderem von atemberaubender Natur in den diversen Nationalparks, pulsierenden Metropolen und Begegnungen mit optimistischen und äußerst freundlichen Menschen. Dass dies längst nicht alles ist, kann sich jeder denken. Es sind die vielfältigen Eindrücke, die harschen Kontraste, diese ständigen Extreme, die in Erinnerung bleiben werden. Man kann sich in Kanada auf Eisbärensuche im hohen Norden begeben oder am Muscle Beach kalifornischen Muskelprotzen beim Gewichtheben zusehen. Man wird Dinge erleben, die einen atemlos

Kreative Straßenkunst in Philadelphia, USA

zurücklassen, weil sie maßlos auf die Spitze getrieben werden. Ob das nun Hot-Dog-Wettessen, ein Schönheitswettbewerb für Kleinkinder oder eine Spring-Break-Party in Florida ist. Es geht immer um die ganz große Show. »Are you having fun?«, werden einen Einheimische häufig fragen. Und das setzt auch den Grundton für einen Nordamerika-Trip: Freizeit ist da, um Spaß zu haben, egal wie abgedreht es zugeht. Solange man eben eine »gute Zeit hat«, macht man alles richtig. Davon kann man sich ruhig mal anstecken lassen.

Viele Gesetze und Vorschriften werden einem restriktiv vorkommen. Man darf in der Öffentlichkeit keinen Alkohol trinken, und selbst auf Autobahnen gilt ein strenges Tempolimit. Die Frage, wie das nun mit der Maxime von uneingeschränkter Freiheit zusammenpasst, die von einigen vehement (vor allem beim Thema Waffenbesitz) verteidigt wird, drängt sich dem Weltenbummler da zu Recht auf. Eines ist sicher: Man kann Nordamerika nicht in einem Trip erkunden und sollte dies auch gar nicht erst probieren. Doch man sollte es, ganz auf amerikanische Art, positiv sehen: Es werden immer genügend gute Gründe bleiben, zurückzukehren.

64 Notfall

Oder: Was zu tun ist, wenn du nicht mehr weiter weißt

Okay, wir wissen, die Vorfreude ist riesig bei der Planung einer Langzeitreise. Man sieht sich schon am Traumstrand, auf einem mächtigen Berg oder auf dem Times Square in New York. Die Lust, sich mit potenziellen Notfallsituationen auseinanderzusetzen, hält sich dann in Grenzen. Man kann mit etwas Vorbereitung allerdings größeren Schaden verhindern, falls doch mal etwas passiert.

Zunächst: Auf einer Reise geht es immer etwas rustikaler zu als im normalen Leben. Soll heißen man wird mal übers Ohr gehauen, kriegt es mit einem lupenreinen Durchfall zu tun oder bekommt ein Visum nicht rechtzeitig. Da muss man durch. Das ist Weltenbummleralltag und keine Notfallsituation. Wir haben exemplarisch ein paar Szenarien zusammengestellt, die man ganz und gar nicht gerne erleben möchte – und wie man auf sie reagieren kann.

DER REISEPASS IST WEG! Okay, ganz ruhig bleiben, tief durchatmen – niemand hat sich weh getan. Ist also eher ein halber Notfall. Trotzdem: Der Pass ist beim Reisen ähnlich wichtig wie ein Augapfel. Wobei, einen Ersatzpass erhält man dann doch leichter.

Man sollte den Reisepass nie zu sorglos verstauen. Und bloß nicht denken: »Ist doch mein Pass, kann eh niemand was damit anfangen.« Oh doch. Fälscher zahlen auf dem Schwarzmarkt absurde Summen für geklaute Pässe. Wenn der Reisepass weg ist, zunächst den Verlust bei der Polizei melden. Dann die Deutsche Botschaft/das Konsulat des Landes aufsuchen und einen neuen beantragen.

Wichtig ist, dass man Kopien des Passes oder des Ausweises vorlegen kann. Diese sollte man idealerweise in der → Cloud vorher gespeichert haben. Einen vorläufigen Pass zur Heimreise wird man recht schnell bekommen. Wenn man allerdings noch vorhat, weiterzureisen und einen »richtigen« Pass braucht, droht eine recht lange Wartezeit.

HÄNDE HOCH: MAN WIRD ÜBERFALLEN

Was tun, wenn man trotz aller Vorsichtsmaßnahmen (Wertsachen im Hotelsafe, keine teuren Klamotten/Schmuck/Uhren, keine hohen Summen Bargeld in der Tasche) überfallen wird? Während des Überfalls auf gar keinen Fall Gegenwehr leisten, sondern kooperieren! Die meisten Diebe wollen »nur« etwas klauen und ziehen dann wieder ab. Wenn Kreditkarte oder Handy gestohlen wurden, umgehend sperren lassen. Zur Kreditkarte mehr unter → Geld. Falls einem tatsächlich körperliche Gewalt angetan wurde, um Hilfe rufen und so rasch wie möglich ins nächste Krankenhaus. Häufig wiegen die psychischen Folgen eines Überfalls schwerer als der materielle Verlust. Ganz wichtig ist daher darüber zu sprechen und sich Zeit zu nehmen, die Belastung zu verarbeiten.

MAN WIRD SCHWER KRANK

Das Wichtigste ist, dass man über eine Auslandskrankenversicherung verfügt. Ohne sie sollte man nie verreisen, sonst droht im schlimmsten Fall aufgrund der Kosten für Operationen, Transport oder sonstige Behandlungen der finanzielle Ruin (Details siehe → Krankenversicherung). Vor der Reise das Prozedere einer Krankmeldung bei der eigenen Krankenversicherung prüfen (auch den Reisepartner informieren), die 24-Stunden-Notfallhotline zentral notieren. Wenn man mit einem Reisepartner unterwegs ist, sollte dieser auch mit den Abläufen vertraut sein. Wer alleine reist, kann auch das Hostel oder Hotelpersonal um Hilfe bitten.

MAN VERLETZT SICH SCHWER Eine Wanderung in der menschenleeren Wildnis. Man stürzt, bricht sich das Bein und liegt auf dem Boden. Was jetzt? Auch hier liegt der Schlüssel wieder eher in der Vorbereitung. Vor jeder Wanderung sollte man sich genau über die Route und deren Besonderheiten informieren (→ Wandern). Vor allem wenn man alleine geht, sollte man anderen Personen (z. B. im Hotel) Bescheid geben, dass man aufbricht. Viele Nationalparks haben am Eingang ein Gästebuch in das man sich eintragen kann. Wer sich bis zu einer gewissen Zeit nicht austrägt, wird gesucht. Außerdem sollte man unbedingt ein Handy dabei haben: Auch wenn kein Mobilfunknetz bereitsteht, können Notrufe abgesetzt werden. Grundsätzlich ist es immer sicherer, in Gruppen in die Wildnis zu gehen. Sobald Hilfe eintrifft, kann man zu den versicherungstechnischen Dingen (siehe oben) übergehen.

Logischerweise können unzählige weitere Notfallsituationen auftreten. Zwischen die Fronten politischer Unruhen oder Kriegshandlungen zu geraten, sollte man natürlich unbedingt meiden. Demonstrationen sollte man sich nie spontan anschließen, wenn man nicht genau über Umstände und mögliche Folgen informiert ist. Sobald die Stimmung aggressiv wirkt, sollte man sich einfach wegbewegen. Falls man sich über die Situation in einem Land unsicher ist, helfen die Internetseiten des → Auswärtigen Amts weiter. Überhaupt: Die deutsche Vertretung im Reiseland zu kennen und im Notfall kontaktieren zu können, ist sehr nützlich. Die Botschaften oder Konsulate können Informationen zu Banken, Ärzten, Krankenhäusern geben und auch erklären, wie man im Notfall aus Deutschland am schnellsten Geld transferieren kann.
Tipp: Das Auswärtige Amt stellt eine 24-stündige Notfallrufnummer zur Verfügung 03018-170.
Es empfiehlt sich außerdem immer ein Erste-Hilfe-Reiseset mitzuführen, das gibt es mittlerweile in sehr praktischen Größen. Logischerweise sollte man selbst auch in der Lage sein, im Notfall Erste Hilfe zu leisten. Der Erste-Hilfe-Kurs war zuletzt beim Führerschein Thema? Dann lohnt sich jetzt die Auffrischung!

Planung

Oder: In drei Schritten zur Weltreise

Eine Langzeitreise erscheint erst einmal wie ein Mammutprojekt, das ein immenses Maß an Planungsgeschick voraussetzt. Vielleicht überfordert den ein oder anderen der Gedanke, dieses private Großvorhaben alleine organisieren zu müssen so sehr, dass er es gar nicht erst angeht. Dabei ist es gar nicht so schwer, eine Weltreise vorzubereiten. Grob gesagt reichen bereits sechs Monate an Vorbereitungszeit aus. Spontaner wird es schwierig, da manche Dinge einen gewissen Vorlauf brauchen. Es gibt Menschen, die planen ihre Langzeitreise bereits Jahre vorher bis ins Detail – letztlich ist dies auch charakterabhängig.

Ein wichtiger Tipp: die gute alte Checkliste aufsetzen. Idealerweise sollte diese nicht nur sämtliche To Do's enthalten, sondern auch Daten, bis wann was spätestens erledigt sein muss. Dies ist wichtig, weil manche Dinge ab einem gewissen Zeitpunkt nicht mehr möglich sind (z. B. gewisse Impfungen, die in mehreren Etappen stattfinden). So hat man einen guten Überblick, und es macht jedes Mal Freude, einen Haken hinter eine Aufgabe zu setzen. Da man bei der Reiseplanung das Rad zum Glück nicht neu erfinden muss, folgt nun ein Planungskonzept, das sich bewährt hat:

Erstens: Das Konzept

Wohin soll die Reise überhaupt gehen? Wie viel Zeit kann man insgesamt unterwegs sein? Welche grobe Route schlägt man ein? Diese scheinbar simplen Fragen können einen ziemlich lang beschäftigen. Was beim Grobkonzept der Reise auch hilft: über die hauptsächliche Reisemotivation zu reflektieren. Will ich einen profunden Eindruck der Zielländer bekommen? Will ich hauptsächlich Stempel im Pass sammeln? Will ich mich körperlich herausfordern oder sehe ich mich eher an den Stränden dieser Welt liegen? Was muss passieren, damit ich nachher sagen kann, dass es eine gelungene Reise war? Die Beantwortung dieser

Fragen gibt schon viel Aufschluss über Reisetempo und -destinationen. Man sollte in dieser Phase der Planung vor allem noch einmal ernsthaft für sich prüfen, ob es sich vielleicht nur um ein Hirngespinst handelt oder ob man sich wirklich ganz klar zu dem großen Projekt Weltreise bekennt.

Aus Reiseziel und -dauer ergibt sich, wie hoch das → Budget sein muss. Reicht das Geld noch nicht, dann müssen entweder die Reiseländer angepasst werden oder man spart noch ein wenig länger (→ Sparen, → Route).

Zweitens: Die Heimatbasis organisieren

Die Route steht fest, das Budget ist vorhanden. Prima, jetzt geht es ans Eingemachte. Nun kann man mit dem Arbeitgeber klären, ob eine Auszeit möglich ist. Wer den Job kündigt, sollte natürlich die Kündigungsfrist beachten (→ Sabbatical, → Lebenslauf). Sobald dies erledigt ist, muss man sich auch beim Arbeitsamt melden, um über die Kündigung zu informieren und sich abzumelden. Denn das Arbeitsamt geht sonst davon aus, dass man auf Jobsuche ist, Arbeitslosengeld beziehen möchte und dem Arbeitsmarkt zur Verfügung steht. Empfehlenswert ist es, sich bei der zuständigen Agentur einmal schlau zu machen.

VERTRÄGE CHECKEN! Auch Versicherungen sollten geprüft werden: Welche benötigt man noch und welche können gekündigt werden? Selbiges gilt für Verträge (Kabelfernsehen, Mobilfunk, DSL, Telefon, Fitnessstudio, Abos von Zeitungen, Monatskarte öffentlicher Nahverkehr etc.). Unter Umständen kann man ein Sonderkündigungsrecht wahrnehmen wegen des Wegzugs aus Deutschland. Dafür ist in der Regel eine Abmeldung erforderlich. Man kann immer mit den Unternehmen ins Gespräch gehen und sich auf eine vorübergehende Stilllegung des Vertrags einigen. Wer seine Wohnung auflöst, kann sich auch vom Rundfunkbeitrag (ehemals GEZ) befreien lassen. Wenn eine Wohnung weiterhin besteht und nur nicht bewohnt wird, muss die Gebühr leider trotzdem weitergezahlt werden. Allerdings wird man dies versuchen zu vermeiden – wer möchte schon Miete für eine ungenutzte Wohnung zahlen?

APROPOS WOHNUNG Entweder, man löst seinen Haushalt komplett auf und verkauft den eigenen Besitz oder man lagert ihn bei Mutti im Keller. Wenn der Wunsch besteht, in dieselbe Wohnung zurückkehren zu können, vermietet man sie für die Dauer der Reise unter. Dafür zuerst den Vermieter um Erlaubnis fragen, denn eine Untervermietung ist normalerweise im Mietvertrag ausgeschlossen und kann dann sogar zu einer fristlosen Kündigung führen. Stimmt der Vermieter zu, sucht man sich einen Untermieter. Vorformulierte Untermietverträge gibt es im Buchhandel oder in Schreibwarenläden. Hier hält man die Rahmendaten fest: Miethöhe, befristete Dauer der Untermiete, Ausstattung der Wohnung, Wertsachen (Elektrogeräte etc.), Deponat und Kaution. Eine Kopie vom Untermietvertrag geht

Eine gute Reisevorbereitung ist die halbe Miete.

dann an den Vermieter. Für Strom und Wasser kann eine Zwischenablese erfolgen, sodass man die Kosten aufteilen kann. Natürlich kann der Untermieter auch laufende Verträge einfach übernehmen, wie die für TV, Internet und Telefon.

Drittens: Startklar werden

Super, die kompliziertesten Themen sind behandelt. Jetzt sollten langsam die Haken hinter die folgenden Fleißaufgaben gesetzt werden.

- Flüge buchen (→ Flüge, → Around the World Ticket)
- → Reisepass besorgen

- Visa beantragen (→ Visum)
- Internationaler Führerschein
- Kreditkarten (VISA und Mastercard) (→ Geld) beantragen
- Bank über Auslandsreise informieren
- Daueraufträge einrichten
- Auslandskrankenversicherung abschließen
  (→ Krankenversicherung)
- Arzttermine vereinbaren und wahrnehmen (für Impfungen,
  Zahnarzt, Augenarzt, Gynäkologe etc.)
- Impfpass und → Impfungen organisieren
- Ersatzbrille und Kontaktlinsen besorgen
- Vertrauensperson daheim bestimmen und ihr Vollmachten
  ausstellen
- Post-Nachsendeauftrag zur Vertrauensperson beantragen
  (oder gleich deren Anschrift bei wichtigen Stellen angeben)
- Kopien wichtiger Dokumente deponieren
- Notfallanweisungen (Geld via Western Union überweisen,
  Kontakt zur Auslandskrankenversicherung für Unfälle etc.)
- Reiseroute mitteilen
- Steuererklärung machen
- → Ausrüstung und → Kamera kaufen
- → Cloud anlegen, wichtige Dokumente digital speichern
- Und bei alledem natürlich nie vergessen: Vorfreude genießen!

66 Post versenden

Oder: Wie du deinen Rucksack schlank hältst

Wer lange unterwegs ist, möchte sich nicht abschleppen. Für Rucksack-
reisende zählt nämlich jedes Gramm, zudem muss man auf Flügen läs-
tigerweise auch noch Gewichtsbeschränkungen einhalten. Doch auch
für Shopaholics gibt es eine rettende Lösung, um hier und da ein
→ Souvenir zu erstehen: die Post! Auch für nicht (mehr) gebrauchte

Kleidung bietet es sich an, ein Paket zu versenden. Wer die dicke Jacke nicht mehr benötigt, weil nur noch tropische Reiseziele auf ihn warten, packt sie also in ein Paket und sendet sie einfach schon mal nach Hause.

Doch Achtung: andere Länder, andere Preise! Wäre ja auch zu einfach, wenn die Tarife weltweit identisch wären. Daher empfiehlt sich die bewährte Internetrecherche, wenn kein Zeitdruck herrscht und

Briefkasten in Kathmandu, Nepal

man die Wahl hat, ob das Paket aus Indien oder Thailand versendet werden soll. Wer mehr Zeit als Geld hat, versendet das Paket per Schiff statt per Luft. Zu guter Letzt: nicht vergessen, den → Zoll vorher zu checken. Außerdem haben manche Länder ziemlich detaillierte Vorschriften, wie ein Paket verpackt sein muss.

Postkolonialismus

Oder: Warum sich Perspektivenwechsel lohnt

67

Postkolonialismus? Interessanter Begriff, aber was hat das mit Reisen zu tun? Ziemlich viel. Mehr als man denkt. Um das zu erklären, müssen wir kurz ausholen.

Die Kolonialzeiten sind vorbei – zum Glück! Und trotzdem leben wir noch immer in einer Welt, in der Kontinente und Länder eingeteilt werden: in erste, zweite und dritte Welt. Oder in entwickelt und unentwickelt. Oder Industrie- und Agrarkultur. Oder einfach in arm und reich. Egal, welche Einteilung der Welt man nun bevorzugt und welche politischen Konzepte dahinter stehen, eines haben sie alle gemein: Sie drücken aus, dass wir nach wie vor in einer ungleichen Welt leben. Und diese Ungleichheit ist nicht gerecht, sondern hat historische, politische und ökonomische Gründe.

Die Folgen der Kolonialzeit sind nicht überwunden

Auch wenn die Kolonialzeit in der Vergangenheit liegt, sind die Auswirkungen längst nicht überwunden. Wer sich zum Beispiel für → **Afrika** interessiert, wird die Folgen des Kolonialismus noch spüren. Grenzen, die am Reißbrett mit dem Lineal gezogen wurden und Stämme und Ethnien entzweiten, sorgen noch heute für blutige Konflikte. In Lateinamerika leiden indigene Völker noch immer unter Armut und Ausgrenzung, wenngleich Touristen die Mayaruinen oder Inkastädte scharenweise besuchen und bewundern.

Reisen ist das Privileg einer Minderheit.

Indigene Völker leben oft marginalisiert und benachteiligt und leiden unter Rassismus im eigenen Land. Die Macht und Vorherrschaft der europäischen, westlichen Nationen hat mit der Dekolonisierung und Unabhängigkeitserklärung nicht urplötzlich aufgehört. Viele Konflikte unserer heutigen Zeit gründen in der gewalttätigen Geschichte und sind darum auch so komplex. Die postkoloniale Theorie betrachtet das Verhältnis der ehemaligen Kolonien zu den Kolonialmächten und die heutigen Auswirkungen dieses ungleichen Machtverhältnisses. Konzepte wie Orient oder Okzident, die Bedeutungen von »whiteness« (Weiß sein) und »people of color« (Menschen, die nicht westlich/europäisch sind) werden kritisch hinterfragt. Auch die Geschlechterrollen und bestehende Annahmen darüber, was männlich und was weiblich ist, beruhen auf von Menschen gemachten sozialen Konstrukten. Wer sich allein darüber schon bewusst ist, wird die Welt auch mit anderen, sensibilisierten Augen sehen.

Klar kann man einfach reisen, sich die Sehenswürdigkeiten reinziehen, am Strand liegen, die Sonne und das Essen genießen und dann wieder nach Hause fahren. Als Reisender hat man allerdings auch eine Verantwortung der Umwelt und den Menschen vor Ort gegenüber. Denn wer reist, der bringt auch → Geld ins Land, und im Zweifel macht der Tourismus einen großen wirtschaftlichen Anteil des Bruttoinlandsprodukts aus. Man denke an Nepal, eines der ärmsten Länder der Welt, in dem der Trekkingtourismus im Himalaya ein enorm wichtiger Wirtschaftszweig ist. Daher sollte man sich auch überlegen, wo und wie man sein Geld vor Ort ausgibt – idealerweise die lokalen Unternehmen unterstützen, statt großer Konzerne (→ Geo-Arbitrage, → Nachhaltigkeit).

Auch trägt man durch seine eigenen Erfahrungen und Deutungen zur Manifestierung von Stereotypen und gar Formen von Rassismus bei. Selbst positiv Gemeintes kann auf diese Weise negative Auswirkungen haben, man denke an Sätze wie: »Die sind so glücklich, obwohl sie so arm sind«, über Menschen, die in Slums leben (und wahrscheinlich nicht wirklich glücklich sind über ihre Armut, auch wenn sie nicht den ganzen Tag weinend in der Ecke sitzen.) Sich mit der lokalen → Kultur und → Religion auseinanderzusetzen, ist daher Grundvoraussetzung, um sensibel mit Menschen umzugehen. Gleichzeitig sollte man offen sein, jede Begegnung als eine individuelle zu verstehen – schließlich ist nicht jeder Mensch nur ein Repräsentant seiner Kultur, sondern trägt diverse Facetten, biografische Erfahrungen und soziokulturelle Prägungen in sich.

Bei all der Komplexität dieses theoretischen Themas gilt eigentlich nur ein Grundsatz: Sei offen und neugierig den Menschen gegenüber, mach dir die komplexen Verflechtungen unserer Welt bewusst und versuche, nicht in Kategorien und Schubladen zu denken. Und da sich unser Gehirn aufgrund der Unübersichtlichkeit und Komplexität dieser Welt ganz schwer von diesen Schubladen trennen möchte: Sei dir der Kategorien und Schubladen bewusst und gib dir und anderen die Chance, dich zu überraschen.

68 Preise

Oder: Is there a discount?

Als Europäer hat man sich generell an ziemlich transparente und stabile Preisgestaltung gewöhnt. Produkte und Dienstleistungen haben in der Regel einen fixen Preis, und der Konsument kann sich überlegen, ob er diesen nun bezahlen will oder eben nicht. Als Weltenbummler muss man sich davon verabschieden, denn an vielen Orten auf der Welt werden Preise immer wieder neu ausgehandelt oder unterliegen immensen Schwankungen. Das gilt für Dienstleistungen gleichermaßen wie für Produkte. Als Reisender wird man das beispielsweise merken, wenn man bei lokalen Anbietern eine Tour buchen oder auf dem Markt die Verpflegung für den Tag besorgen möchte. Man kann die Liste auf alle möglichen Bereiche des Lebens ausweiten: den Friseurbesuch, das Busticket oder das Hostel. Man wird auf Läden stoßen, in denen sogar der Preis für eine Flasche Wasser verhandelbar ist.

Kambodscha: Preise verhandeln oder nicht?

Und es kann vorkommen, dass einem Listen mit absolut unrealistischen Mondpreisen vorgelegt werden. Aber alleine die schriftliche Fixierung hat einen Effekt auf den Konsumenten: Hat nicht das geschriebene und gedruckte Wort seine Richtigkeit? Falsch! Wer hier sofort die Schatulle öffnet, bezahlt Lehrgeld im wahrsten Sinne des Wortes.

Meist ist jedoch gar nichts angegeben, und die Ermittlung des Preises führt unweigerlich zur Verhandlung mit dem Verkäufer. Wenn man nie sicher sein kann, den »richtigen« Preis bezahlt zu haben, so kann das Unbehagen und das Gefühl von Kontrollverlust auslösen. Und einem zudem mächtig die Laune verderben (wenn man später erfährt, dass man über den Tisch gezogen wurde). Doch wie ermittelt man ihn überhaupt, den richtigen Preis?

ERSTE LEKTION: TEURER HEISST NICHT IMMER BESSER! Viele attraktive Orte der Welt sind auch für den hartgesottenen Individualreisenden schwer erreichbar. Gerade die unberührte Natur, die den Weltenbummler reizt, stellt oft ein solches Terrain dar: Dschungel, Wüsten, Gebirge oder Inseln – hier gibt es kaum einen anderen Weg, als auf einen lokalen Tourenanbieter zuzugehen, der in der Regel Komplettpakete mit Unterkunft, Verpflegung, Fahrer und Guide anbietet. Häufig gibt es aber eine ganze Reihe von Vermittlern, die exakt die gleiche Tour zu unterschiedlichen Preisen anbieten. Bucht man dann – im Glauben an mehr Komfort – die teurere, kann man dennoch später im selben Bus sitzen wie die Reisenden, die weniger bezahlt haben. Das heißt nicht, dass es nicht auch Premiumanbieter gibt, die tatsächlich komfortablere Fahrten verkaufen. Nur sollte man sich vorher gut informieren, um Überraschungen zu vermeiden.
Übrigens: Eine Tour im Vorfeld bei einem deutschen Anbieter zu reservieren, bedeutet in der Regel auch, dass sie mindestens doppelt bis dreimal so teuer ist wie eine Buchung vor Ort. Da die meisten europäischen Anbieter sowieso mit lokalen Agenturen zusammenarbeiten, lohnt sich das Buchen von Zuhause aus nicht wirklich. Ausnahmen bestätigen die Regel: Bei Reisen in der Hochsaison, mit fixem Zeitplan und bei besonders beliebten und beschränkt zugänglichen Touren (z. B. dem Inka-Trail in Peru) sind Plätze schnell ausgebucht.

ZWEITE LEKTION: PREISE VERGLEICHEN Zugegebenermaßen muss man hier das gesunde Mittelmaß finden. Wer wenig Zeit hat, möchte nicht einen Tag lang von Geschäft zu Geschäft laufen, um den absoluten Tiefstpreis zu ermitteln. Oft reicht bereits eine überschaubarer Vergleich von drei bis fünf Anbietern, um ein Gefühl für die Preisspanne zu bekommen. Onlineforen, Reiseführer und Blogs bieten bereits vor der Reise die Möglichkeit, einen Überblick über das

Preisniveau zu erhalten. Das gilt gleichermaßen für Souvenirs wie auch für Touren.

DRITTE LEKTION: SICH BEI LOCALS INFORMIEREN

Wer sich für ein bestimmtes Produkt oder eine Tour interessiert, sollte Einheimische nach ihrer Einschätzung fragen. In der Regel sind die Besitzer der Unterkunft gute Quellen und können einem sagen, welche Kosten angemessen sind. Auch Kellner, Taxifahrer und Touristen-Informationen können Anhaltspunkte für seriöse Preisgestaltungen geben. Eine kleine Stichprobe von drei Meinungen gibt einen guten Überblick.

VIERTE LEKTION: VERHANDELN

Die gute Nachricht zuerst: die hohe Kunst der → Verhandlung ist erlernbar. In vielen Weltregionen ist es ganz normal, den Ausgangspreis erst mal um 50 Prozent zu unterbieten. Man trifft sich dann in der Mitte, und beide Seiten sind glücklich. So die Kurzfassung. Natürlich sollte man sich auch vorher über die regionalen Gepflogenheiten informieren, damit man nicht in ein Fettnäpfchen tritt. Außerdem gilt wie immer: Ein Lächeln bewegt in der Regel mehr als zu forsches Auftreten (→ Gesicht wahren).

Reiseapotheke

Oder: Was mit muss und was man sich sparen kann

Krank zu sein ist sowieso immer blöd, und unterwegs ist → krank sein sogar noch blöder. Um den Fall der Fälle halbwegs erträglich zu gestalten, gehören ein paar Mittelchen ins Gepäck. Je nach persönlichem Gesundheitszustand müssen individuelle Medikamente selbstverständlich auch in die Reiseapotheke. Wer zum Hypochonder neigt, dem sei direkt Entwarnung gegeben: Auch in anderen Ländern kann man Arzneimittel kaufen und einen Arzt aufsuchen, man muss nicht kiloweise Tabletten mitschleppen.

Eine Auswahl der bewährten Mittel, die in den Rucksack gehören:

- Anti-Mückenspray
- Hoher, wasserfester Sonnenschutz
- Durchfallmittel: selbsterklärend! Wer plötzlich auf einer → Busreise Dünnpfiff bekommt, ist mehr als dankbar dafür.
- Etwas gegen Kopfschmerzen und allgemeine Schmerzen
- Eine Salbe sowohl gegen Sonnenbrand als auch gegen Insektenstiche
- Optional für Wanderer: Eine Salbe für die beanspruchten Waden und Knie. Die asiatische Allzweckwaffe Tiger Balm (inzwischen auch in deutschen Drogerien erhältlich) eignet sich auch hervorragend.
- Tabletten gegen Seekrankheit und Übelkeit
- Verbandsmaterial (Pflaster, Mullbinde, Blasenpflaster)
- Desinfektionsmittel

Eine Besonderheit sind Malariatabletten, die man prophylaktisch nehmen kann, wenn man in Hochrisikozonen reist. Denn gegen Malaria gibt es keine → Impfung. Da die Tabletten relativ hohe Nebenwirkungen haben können, muss man selbst abwägen, ob man sie tatsächlich vorsorglich nehmen möchte oder nur für den Ernstfall dabei hat. Übrigens kann man Malariatabletten auch im Ausland oft viel günstiger kaufen. Je nach Route einfach vorab informieren, ob es sie auch dort gibt.

Reiseführer
Oder: Ein Buch voller Ratschläge

70

Ein guter Reiseführer ist wie ein echter Freund. Er hat immer etwas Interessantes zu erzählen, ist für dich da, wenn du nicht weiter weißt, und er kann damit umgehen, wenn du auch mal ohne ihn losziehen möchtest. Na gut, dieser Vergleich hinkt zugegebenermaßen etwas.

Dennoch entwickelt man auf einer längeren Reise ein gewisses Vertrauensverhältnis zu seinem gedruckten Reisebegleiter. Bei der Reiseplanung kann er einen inspirieren, und ein gesundes Maß an Faktenwissen über das Zielland hält er auch bereit. Wichtig ist natürlich, dass er möglichst aktuell ist, denn die Veränderungen in manchen Ländern sind rasant. Problematisch wird es dann, wenn er zum Maß aller Dinge erkoren wird und man anderes als weniger wertvoll erachtet, nur weil man im Buch nichts darüber findet. So gibt es immer wieder Menschen, die an den ganz großen kulinarischen Geheimtipps vorbeilaufen, weil sie offenbar mit Scheuklappen das in einem Buch empfohlene Restaurant anvisieren. Ganz bitter wird es, wenn sich herausstellt, dass sich das so gelobte Lokal eben gerade wegen der Erwähnung im Reiseführer längst zur Touristenfalle entwickelt hat. Es lohnt sich, in gewissen Situationen einfach seiner Intuition zu trauen – schließlich weiß man selbst am besten, was einem zusagt. Also ruhig mal den Reiseführer zuklappen und sich treiben lassen. Plötzlich entsteht Raum für Überraschungen, für individuelle Erfahrungen. Macht das nicht eine gelungene Reise aus?

Reisepartner
Oder: Gemeinsam durch dick und dünn gehen

Eine Reise ist eine Zerreißprobe für jede Beziehung, sei es eine Partnerschaft oder eine Freundschaft. Es ist belegt, dass ungleich viele Trennungen während oder nach einer Reise erfolgen. Woran mag das liegen? Wir denken einfach mal laut: Eine Reise ist in gewisser Weise das Leben in komprimierter Form. Man erlebt in viel kürzerer Zeit diverse Höhen und Tiefen. Man setzt sich dabei immer auch dem Neuen, dem Unbekannten aus, das kann stressig, bisweilen angsteinflößend sein, und jeder Mensch reagiert dabei anders. Wichtig für unser Thema ist: Man kann dem Reisepartner nichts vormachen.

Eine Reise ist eben nicht der Alltag mit seinen souverän durchgespielten Routinen. Auf Reisen lernt man den Partner in seiner Gesamtheit kennen. Wesenszüge, die im Alltag unsichtbar bleiben, werden ans Tageslicht geholt. Man erkennt, wie jemand sein Geld budgetiert oder seine Zeit gestaltet, wenn keinerlei äußere Verpflichtungen rufen. Aber auch wie jemand mit fremden Menschen, mit Rückschlägen und enttäuschten Erwartungen umgeht. Gerade in Stresssituationen werden häufig mühsam erlernte Verhaltensweisen über Bord geworfen, und es offenbart sich ein – sagen wir mal – »roheres« Wesen. Dann wird plötzlich offensichtlich, wie der Partner zu sich selbst steht, welche Ziele, Ängste und Motivationen er hat. Kurz: Man erhält ein viel genaueres Bild von ihm oder ihr und stellt sich unweigerlich die Frage: Gefällt mir dieses Bild immer noch? Je nachdem wie die Antwort ausfällt

Alle Stricke gerissen? Instant Nudeln gehen immer.

kommt es dann eben zu den erwähnten Trennungen – oder man geht gestärkt und noch enger zusammengeschweißt aus der Reise hervor. Um den Zusammenhalt während der Reise nicht nur dem Zufall zu überlassen, sollte ein klarer Abgleich der Erwartungen stattfinden. Zum Beispiel zum Budget: Es hilft, sich am Portemonnaie desjenigen zu orientieren, der weniger Geld zur Verfügung hat. Auch sonst sollte man darüber sprechen, welche Vorstellungen man von Luxus während der Reise hat. Außerdem kann es unterschiedliche Ideen darüber geben, wie viel Aktivität man an den Tag legen möchte, in welchem Verhältnis Unternehmungen und Ruhepausen zueinander stehen sollen. Oder auch mit welchen Verkehrsmitteln man sich fortbewegen möchte – vielleicht wird ja dem Partner beim Busfahren immer schlecht? Über viele Aspekte der Reise sollte man sich vorher ganz konkret austauschen, denn wenn dabei viele Vorstellungen auseinandergehen, sind Konflikte schwer vermeidbar. Findet man gemeinsame Nenner, kann man auf der Reise Erfahrungen machen, die einen ein Leben lang verbinden.

Times Square in New York City: Nirgends hat man das Gefühl näher am Puls der Zeit zu sein. Die unglaublichen Energie und der ungebremste Optimismus der Stadt wirken sofort ansteckend.

72 Reisepass

Oder: Lass dich als Weltenbummler abstempeln

Der deutsche Reisepass ist einer der Wertvollsten der Welt, gemessen an den Ländern, die deutsche Bürger visumfrei betreten dürfen. 2016 wurde er sogar zur Nummer eins weltweit gekürt: Sage und schreibe 177 Länder können laut »Visa Restrictions Index« mit einem deutschen Reisepass ohne Visumpflicht bereist werden (→ Visum).

Sprich, das gute Stück muss nur noch rechtzeitig beantragt werden – und dann ab in den Flieger. Aber halt, die Behördenuhren ticken ein wenig langsamer. Da der Reisepass in der zentralen Bundesdruckerei hergestellt wird, beträgt die Bearbeitungsdauer zwischen drei und sechs Wochen. Für ganz Eilige kann er binnen drei Tagen erstellt werden, dafür muss man aber auch tiefer in die Tasche greifen und noch mal 32,50 Euro on top zahlen. Übrigens benötigt man für den Reisepass biometrische Passfotos und muss zwei Fingerabdrücke abgeben. Der Ausweis muss aufgrund der Fingerabdrücke persönlich bei der zuständigen Meldebehörde beantragt werden.

Die Kosten liegen aktuell (2016) für über 24-Jährige bei 59 Euro (mit 32 Seiten Umfang), aber für viel reisende Weltenbummler empfiehlt sich die größere Variante mit 48 Seiten für 81 Euro. Immerhin ist der Pass zehn Jahre gültig! Für die meisten Länder gilt übrigens: Der Reisepass muss über die geplante Reise noch sechs Monate hinaus gültig sein.

73 Reisetypen

Oder: Monolog eines begriffsstutzigen Weltenbummlers

Es gibt unterschiedlichste Reisetypen, gern mit griffigen Namen versehen und schnell in entsprechende Schubladen gesteckt. Und es ist wie so oft: Die Gruppen sind sich nicht grün. Und das, obwohl sie sich doch in vieler Hinsicht sehr ähneln und eine eindeutige Festlegung gar nicht so leicht möglich ist – wie der folgende fiktive und nicht ganz ernst gemeinte Monolog illustrieren soll:

»Ich mache keinen Urlaub. Ich reise. Wann begreifen das die Leute endlich? Wenn ich eins nicht möchte, dann ist es mit den armbändchentragenden **All-Inclusive-Banausen** verglichen zu werden. **Individualreisender**, ja, das passt schon eher. Ich will mit den ganzen **Mainstreamern** nichts zu tun haben. Wenn ich auf andere Reisende treffe, ist mir das immer gleich zu überlaufen, und wenn die dann auch noch Deutsch sprechen, mach ich einen auf abweisend, damit ich mit diesen Langweilern nichts zu tun haben muss.

Wie viele verschiedene Typen trägt man in sich?

Sowieso bin ich ja **Backpacker** – das ist für mich 'ne Art Lebenseinstellung. Zum Totlachen, wie diese Normalos ihre Rollkoffer über das Kopfsteinpflaster ziehen. Mein Backpack ist mein Haus. Hat schon ein paar Löcher, find ich cool. Außerdem habe ich sämtliche Flaggen draufgenäht, von den Ländern, die ich bereist habe. Sollen diese **Urlauber** ruhig sehen, wo ich schon überall war. Ja, ich war in Zimbabwe. Ja, ich war in Bolivien – ja genau, das sind die Orte, die ihr **Mallorca-Poolliegenbesetzer** nicht mal auf der Karte zeigen könnt.

Sorry, mir gehen diese Schafherden sogenannter **Aktivurlauber** mit ihren umgehängten Kameras, die hier überall rumlaufen, echt auf die Nerven. Ich kann diese Optimierer in ihren karierten Jack-Wolfskin-Hemden nicht mehr sehen. Ich hab' mir in Thailand auf dem Markt ein Shirt mit dem Logo vom Chang-Bier geholt. Haha, wie schmeckt euch das, ihr Funktionshosen-Loser!? Thailand ist allerdings auch nicht mehr, was es mal war. Alles voller **Flashpacker**. Die tun so als wären sie Backpacker, aber schlafen in den schönsten Bungalows und essen in echten Restaurants. Traurig. Machen uns die Preise kaputt. Vor zehn Jahren war alles besser, da hast du auf Ko Samui höchstens ein paar **Aussteiger** getroffen. Obwohl mir diese naiven **Realitätsverweigerer** auf den Geist gehen: als wäre alles *love, peace and harmony*. Von wegen. Man muss auch mal an seine Grenzen gehen. Bin zwar kein **Selbstdarsteller,** aber eins weiß ich auch: Instagram-Follower bekommt man nicht vom Nichtstun. Ich fotografiere jetzt meine Füße vom Liegestuhl aus und achte darauf, dass man im Hintergrund den traumhaften Strand sieht. Die anderen **Touristen** photoshoppe ich raus: #bedifferent. Ich achte übrigens auch auf meinen ökologischen Fußabdruck, irgendwie bin ich da auch gern mal **Öko-Tourist.** Drum nehme ich immer *local transport* oder den Chicken-Bus, der ist so süß und bunt. *Das* sind reale Erfahrungen! Ich hab' die Formulierungen für den Blog schon vor Augen: »Bewundernswert, dass diese einfachen Leute sich zu zwanzigst in diese Schrottlaube quetschen und trotzdem so glücklich sind. #lifechanger«.

Ich komme auch mit wenig Besitz aus. Aber ganz anders als **Camper** mit ihrer komfortablen Wohnmobil-Parallelwelt. Was sehen die schon von der echten Welt da draußen? Und wenn die dann auch noch den Grill anschmeißen und die Glotze ausfahren, ist mir das zu glamourös, ist ja eigentlich mehr **Glamping.** Ich lege mich abends im Hostel lieber in die Hängematte und lese Hemingway. Und wenn gerade keiner schaut, aktualisiere ich Facebook. Diese Likes für meine Reisepics gehen runter wie Öl. Eigentlich irre, wo ich doch allen erzähle, dass ich das alles ›nur für mich‹ mache!«

74 Religion

Oder: Die Welt ist ein spiritueller Ort

Unbeantwortete Fragen sind ein fester Bestandteil vom Reisen. Oft schwirren einem mehrere Fragezeichen über dem Kopf herum, weil man einfach nicht so recht versteht, warum diverse Menschen gewisse

Dinge tun oder sagen. Auch wenn man sich redlich Mühe gibt, die Perspektive des anderen einzunehmen, gelingt einem das oft nicht. Woran liegt das? Nun, ganz abschließend werden wir hier die Frage nicht beantworten können, aber vielleicht einen Denkanstoß geben:

Ein beachtlicher Anteil der Menschen auf dieser Welt ist (tief) religiös. Anders als bei vielen, die sich in Deutschland als religiös verstehen, durchdringt der Glaube den Alltag zahlreicher Menschen auf dem gesamten Globus. Das betrifft auch die Ernährung, soziale Beziehungen, Geschlechterrollen, Kleidung, Frisuren, Körperschmuck und -hygiene und abertausend andere Bereiche. Wenn wir bei anderen Menschen also Verhaltensweisen beobachten, die sich aus der Perspektive der Logik oder Vernunft schwer erklären lassen, ist häufig eine Religionslehre im Spiel, mit der sich die meisten von uns wohl bestenfalls oberflächlich beschäftigt haben (wenn man mal die zahlreichen Absplitterungen der großen Weltreligionen miteinbezieht). So

Die Kala Bhairab Skulptur, Kathmandu, Nepal

lässt sich auch erklären, warum in sehr vielen Ländern beim Kennenlernen zuerst gefragt wird, welcher Konfession man angehöre: Weil dieses Merkmal den Menschen aus Sicht des Fragenden eben am ehesten prägt. Wir hier in Deutschland fragen einander in der Regel als erstes nach dem Beruf: Weil hier gemeinhin die Auffassung besteht, eben dieser trage am meisten dazu bei, was den Menschen »ausmacht«.

Noch vor einem voreiligen Trugschluss sei gewarnt. Nur weil Religion eine tragende Rolle im Alltag vieler Menschen spielt, heißt es nicht, dass jede ihrer Handlungen ausschließlich religiös motiviert ist. Wenn ich also ein Verhalten, einen Brauch oder einfach einen Standpunkt höre, der mir fremd erscheint, reicht ein »Aha, so ist das also im Islam/Buddhismus/Hinduismus etc.« als Erklärung nicht aus. Vieles ist auf Tradition, Sozialisation oder einfach, so simpel es klingt, auf den individuellen Charakter des Einzelnen zurückzuführen.

Mit zu hohen Erwartungen sollten wir an dieses Thema nicht herangehen: Vielfach müssen wir schlichtweg akzeptieren, dass uns der Zugang zu einer → Kultur größtenteils verwehrt bleibt. Was wir auf unserer Reise erfahren, sind bestenfalls Bruchstücke, die einen ganz kleinen Ausschnitt der Realität abbilden. Aussagen wie: »Ich weiß jetzt wie die Menschen in xy ticken«, oder: »Ich habe den Islam jetzt verstanden«, nach ein paar Wochen Reise, sind vor diesem Hintergrund also eher mit Vorsicht zu genießen.

75 Route

Oder: Wo geht es zur perfekten Reise?

Es ist die große Gretchenfrage des Reisens, die alle Weltenbummler umtreibt. Die Entscheidung zu fahren ist getroffen, man hat genug Zeit freigeschaufelt. Und jetzt? Wohin soll es überhaupt gehen? Welche Strecke nimmt man? Wie viel Zeit sollte man wo einplanen?

Natürlich haben sich gewisse Routen in verschiedenen Regionen als besonders sinnvoll herausgestellt. Dennoch ist es grundsätzlich schwierig, Ratschläge zu diesem Thema zu geben, Menschen sind nun mal unterschiedlich, und jeder sollte bei diesen Überlegungen auf sein Herz hören. Ein paar Tipps, die bei der Routenplanung hilfreich sein können:

LANGSAM REISEN Wer langsam reist, bekommt einen besseren Zugang zu Kultur und Menschen in einer Region. Man entwickelt ein Gefühl für Distanzen, kann sich ein Bild von der gesamten Region machen. Wer nur zu den Highlights fliegt, wird immer nur einen ganz kleinen Ausschnitt sehen. Daher lieber nicht zu viel vornehmen.

FLEXIBEL BLEIBEN Gerade auf längeren Reisen kann sich unterwegs so einiges ändern. Vielleicht möchte man spontan an einem

Ort bleiben, weil er einem so sehr gefällt. Beispielsweise, weil man erfährt, dass der Feiertag des Jahres ansteht oder nächste Woche ein Festival steigt und man diese Events nicht verpassen möchte. Oder man entscheidet sich, die Reiseroute komplett zu ändern, da man vor Ort neue Erkenntnisse gewonnen hat und diesen nachgehen möchte. Blöd, wenn man schon sämtliche Flüge und sogar Übernachtungen gebucht hat. Was Zuhause am Schreibtisch noch sinnvoll erschien, kann unterwegs nicht mehr passen.

WETTER BEACHTEN Auf der Suche nach dem endlosen Sommer? Wer ungenau plant, erlebt vielleicht das Gegenteil und stolpert von einer Regenzeit in die nächste.

Manche Regionen sind auch in der Regenzeit zu bereisen. Sie kann teilweise auch Vorzüge haben (günstigere Preise, Abkühlung, weniger Touristen). Man sollte sich nur bewusst sein, dass einige Regionen komplett unterschiedlich »aussehen«, je nach Jahreszeit.

Im märchenhaften Winter-Wunderland

REISEPAUSEN IN GÜNSTIGEN LÄNDERN Wer monatelang unterwegs ist, muss sich irgendwann eine Pause gönnen.

Reisen kann unheimlich anstrengend sein: ständige Ortswechsel, viele neue Eindrücke und Menschen, alle paar Tage extrem lange → Busfahrten, sich immer wieder neu auf unbekanntem Terrain zurechtfinden etc. Um die Reisekasse zu schonen, empfiehlt es sich, die Pause in einem Land zu machen, in dem Übernachtungen und Essen günstig sind. Wenn man sowieso nur am Strand liegen möchte, empfiehlt sich dies eher in Südostasien als in Australien. Jetzt noch einen guten Langzeitdeal im Strandbungalow aushandeln (→ Verhandeln) und guten Gewissens eine »Auszeit von der Auszeit« nehmen.

Oder: Wann ist genug?

Wann sollte man eine Langzeitreise eigentlich beenden? Und vor allem: Was erwartet einen bei der Rückkehr? Darüber wird viel zu selten gesprochen. Wir tun es jetzt einfach mal.

Also. Reisen macht am meisten Spaß, wenn man voller Tatendrang ist. Wenn die Energie nur so aus einem rausprudelt und man so richtig Lust hat, sich auf Neues einzulassen. Wer länger reist, wird merken, dass man dieses Gefühl nicht dauerhaft halten kann. Das ist zu anstren-

Ansage am Kek-Lok-Tempel, Penang, Malaysia

gend. Der Körper und vor allem der Geist nehmen sich Auszeiten – allzu verständlich bei der ständigen Reizüberflutung. In diesen Momenten sollte man über eine Reisepause nachdenken und mal nicht mehr alle drei Tage weiterziehen. Sich ein vertrautes Umfeld zu schaffen, eine Routine zu haben, das entspannt und gibt neue Kraft. Wem alles zu viel wird, sei geraten: keine Angst vor dem Abbruch. Es ist gewiss kein Eingeständnis einer Niederlage, sondern ein Zeichen von Stärke, wenn man auf seine körperlichen und mentalen Signale hört. Schließlich macht man solch eine Reise nur für sich selbst. Nach ein paar Wochen zu Hause wird sich das Reisefieber ganz von selbst erneut einstellen, und man kann wieder voller Tatendrang losziehen.

Wieder zu Hause

Daheim angekommen. Und jetzt? Die Erfahrungen bei der Rückkehr decken sich bei vielen Weltenbummlern in erstaunlich vielen Punkten.

Wie soll man seine unzähligen, sehr unstrukturierten Gedanken überhaupt mitteilen? Man hat keine einfachen Antworten auf die Fragen aus dem Umfeld. »Wie war's? Wo hat's dir am besten gefallen?« – »Ja, gut und, hmm, überall.« Noch während man diese Sätze ausspricht, kommt die Erkenntnis, dass die Erfahrungen kaum mit Worten zu beschreiben sind. Es kann ein bedrückendes Gefühl sein, diese Flut an Eindrücken und Erlebnissen nur schwer mit anderen teilen zu können. Das muss man mit sich selber aushandeln.

Viele beklagen den viel zu schnellen Rückfall in alte Routinen. Eine Woche wieder am alten Arbeitsplatz, und schon ist alles wieder, als wäre man nie weg gewesen. All die Veränderungen, die man auf der Reise erlebt hat, die guten Vorsätze, die man unterwegs gefasst hat, treten plötzlich in den Hintergrund. Hier hilft nur eines: Nägel mit Köpfen machen. Es ist ein großer Schritt vom Über-etwas-Nachdenken zur tatsächlichen Umsetzung. War der Job sowieso langweilig? Jetzt ist der Zeitpunkt ihn zu wechseln! Irgendeine andere große Änderung im Leben? Jetzt ist der Zeitpunkt sie durchzuziehen! Niemand sonst in diesem Universum wird sich darum kümmern, wenn man es selbst nicht tut. Und es wird wohl auch niemand auf einen zukommen, um einem die Entscheidungen abzunehmen. Zumal es einem immer schwerer fällt bestehende Routinen zu durchbrechen. Daher wird einem eine Änderung in dieser ohnehin »unstrukturierten« Phase leichter fallen.

Die schönste Erkenntnis nach der Rückkehr jedoch ist: Eine Reise ist etwas für die Ewigkeit. Keiner wird einem dieses Erlebnis mehr nehmen können. Dass dies glücklich macht, ist sogar wissenschaftlich belegt. Glücksforscher behaupten, dass eine Investition in eine Reise glücklicher macht als in einen materiellen Wertgegenstand, wie beispielsweise ein Auto. Unser Gehirn neigt dazu, besondere Erinnerungen im Lauf der Zeit als immer schöner wahrzunehmen. Auf die »Investition Reise« bekommt man also super Rendite. Bei einem materiellen Gegenstand muss man zusehen, wie dieser zunehmend an Wert verliert. Das Auto wird reparaturanfällig, man muss weiter darin investieren, und mit den Jahren wird es auch nicht schöner.

Was lernen wir daraus? Investiere in eine glückliche Zukunft und reise!

77 Sabbatical (Gap Year)

Oder: Eine Weltreise schon vor der Rente?

Einmal quer durch die USA? Mit dem Camper Neuseeland entdecken? In Südostasien von Insel zu Insel segeln? Gerade Fernreisen erfordern meist mehr Zeit, als der reguläre Jahresurlaub bietet. Vor allem wenn man ohne Zeitdruck und fixe Termine unterwegs sein möchte. Was aber tun, wenn der Job eigentlich ganz gut und der Schritt, alles in Deutschland aufzugeben, zu groß ist? Die Lösung: das Sabbatjahr! Schon in der Bibel wird ein solches Jahr empfohlen: Nach sechs Jahren harter Arbeit sollen der Bauer und sein Acker ruhen. Das Sabbatical, auch Gap Year genannt, wird glücklicherweise auch in deutschen Unternehmen immer häufiger für Angestellte angeboten. Und wenn nicht, dann lohnt es sich, danach zu fragen! Im Grunde ist das Konzept des Sabbaticals eine längere Freistellung von der Arbeit. Das können einige Monate oder auch ein ganzes Jahr sein. Mit dem Arbeitgeber kann man über verschiedene Modelle verhandeln.

1. UNBEZAHLTER SONDERURLAUB Wem der betriebliche Urlaubsanspruch nicht reicht, der kann unbezahlten Sonderurlaub vereinbaren. Bis zu vier Wochen läuft sogar die Sozialversicherung weiter, sodass man keine zusätzliche → **Krankenversicherung** abschließen muss. Ab einer unbezahlten Freistellung von mehr als vier Wochen muss man sich selbst um seine Sozialversicherung (Krankenkasse, Pflege-, Arbeitslosen- und Rentenversicherung) kümmern, da das Arbeitsverhältnis ruht. Am wichtigsten ist die Krankenversicherung!

2. DAS TEILZEITMODELL Eine charmante Variante ist es, für einen definierten Zeitraum eine Teilzeitvereinbarung zu schließen, dennoch in Vollzeit zu arbeiten und dann die so angesparte Arbeitszeit für das Sabbatjahr zu nutzen. Wer zum Beispiel für drei Jahre Vollzeit arbeitet, aber nur 75 Prozent ausbezahlt bekommt, der kann im vierten Jahr die bereits geleistete Arbeitszeit abfeiern. Einen solchen Sabbaticalvertrag kann man mittlerweile in vielen Firmen aushandeln, im öffentlichen Dienst gibt es sogar entsprechende Regelungen und damit Ansprüche auf ein Sabbatjahr.

3. DAS ZEITKONTO

Eine ähnliche Variante ist es, sich einfach nicht das gesamte Gehalt auszahlen zu lassen, sondern einen Teil davon auf einem Arbeitszeitkonto zu sparen. Auch Überstunden, Boni, Weihnachts- oder Urlaubsgeld könnten angespart werden. Der Vorteil ist auch, dass das angesparte Gehalt brutto auf das Zeitkonto wandert und bei der Auszahlung im Sabbatical die Sozialabgaben weiter geleistet werden. So ist man auch in dieser Zeit versichert (Achtung: es wird dann aber auch weniger in die Rentenversicherung eingezahlt).

Wichtig ist bei allen Modellen, rechtzeitig mit dem Arbeitgeber ins Gespräch zu gehen, die Auswirkungen auf die Sozialversicherungen mit der Personalabteilung zu prüfen und einen schriftlichen Vertrag über die Auszeit und, ganz wichtig, die Rückkehr zu schließen.
Und wie überzeugt man seinen Chef? Hier ist Verhandlungsgeschick notwendig, denn wenn ein Mitarbeiter fehlt, muss intern umorganisiert werden, und das bedeutet: Arbeit! Und vor dieser scheut sich der Chef womöglich. Daher sollte man sich gut vorbereiten. Am besten schon Vorschläge für die interne Umsetzung des Sabbaticals erarbeiten und natürlich Argumente sammeln:
Vielleicht muss gerade sowieso Personal gespart werden? Dann bietet sich eine Freistellung ja prächtig an. Wenn die Aufträge wieder anziehen, dann ist man hoch motiviert und erholt für das Unternehmen zur Stelle. Personalentlassungen könnten so vermieden werden.
Kommt nicht die Kollegin aus der Elternzeit zurück? Das passt doch prima, dann könnte sie ja gleich die eigene Stelle übernehmen.
Man bildet sich während der Reise weiter, man lernt eine neue Sprache, frischt sein Englisch auf. Und ist das Unternehmen nicht auch in Asien

aktiv? Super, dann kennt man den Zielmarkt gleich aus nächster Nähe! Die neuen Eindrücke sind wichtig für die eigene Kreativität! Und wer erholt ist, bringt neuen Schaffensdrang und Motivation mit.

79 Scooter

Oder: Vor diesem Thailand-Tattoo sei gewarnt

Wer zum ersten Mal nach Asien reist, wird sich über die omnipräsenten Scooter wundern. Man sieht Scooter mit fünf Passagieren, mit Kindern am Steuer oder überladen bis zum Gehtnichtmehr. Sie kreuzen einem an den unmöglichsten Stellen den Weg: mittendrin in der belebten Markthalle, in den engsten Gassen einer Großstadt oder auf dem vierspurigen Highway. Viele Weltenbummler mieten sich ebenfalls einen Scooter in Asien. Ist grundsätzlich auch eine wunderbare Idee, da man seinen Aktionsradius schlagartig vergrößern kann. Trotzdem gibt es ein paar Dinge, die man beachten sollte, bevor man sich auf den Sattel schwingt.

Transportmittel Nummer 1 in Asien: der Scooter

Zuerst unbedingt den Roller einer Prüfung unterziehen. Funktionieren beide Bremsen? Licht? Sind zwei Spiegel vorhanden? Eventuelle Schäden sollte man vor der Fahrt dem Verleiher melden oder fotografieren, damit man später nicht für sie haftbar gemacht wird.

Immer, wirklich immer einen Helm tragen. Es ist verlockend darauf zu verzichten, weil man so viele Asiaten sieht, die ohne Helm fahren. Sieht auch viel lässiger aus. Dies wäre aber aus zweierlei Gründen töricht. Erstens weil man im Falle eines Unfalls wirklich sein Leben riskiert. Zweitens: Für korrupte Polizisten ist jede

Art von Verstoß ein gefundenes Fressen. Vor allem Touristen werden dann häufig raus gewunken und müssen auf der Stelle ein Bußgeld abdrücken. Daher auch immer den Führerschein mit sich führen!

Auch wenn der Verleiher des Scooters keine Einweisung gibt – man muss erst mal das Fahren lernen, bevor man sich in den Verkehr begibt. Klingt logisch, aber unter der Sonne und mit lockerem Urlaubsfeeling im Blut neigen manche zur Unvernunft. Am besten mit einer geübten Person auf einer Straße anfangen, wo weit und breit keine anderen Verkehrsteilnehmer auftauchen können.

Und was hat es nun mit dem Thailand-Tattoo auf sich? Ungeübte Touristen steigen oft auf der rechten Seite des Rollers ab und verbrennen sich am glühend heißen Auspuff. Es bleibt eine höllisch schmerzhafte Brandnarbe zurück – das Thailand-Tattoo. Von daher: Immer links absteigen!

Jetzt sollte jeder bestens gewappnet sein. Wenn man sich an ein paar Regeln hält, hat der Scooter das Potenzial zum Lieblingsfortbewegungsmittel in Asien – es kann also losgehen!

Sehenswürdigkeiten

Oder: Was ist eigentlich ein Must-See?

Eine Sehens-Würdigkeit sollte sich jeder anschauen. Steckt schließlich schon im Namen drin. Doch was tut man eigentlich, wenn man beim Blättern durch die Sehenswürdigkeiten-Sektion im Reiseführer feststellt: »Is' alles nich' so meins.«? Das Problem ist, dass fast schon eine unausgesprochene Verpflichtung besteht, die Sehenswürdigkeiten zu, nun ja, würdigen. Man kommt in Erklärungsnot, wenn man um

gewisse sogenannte Must-Sees einen Bogen macht. Tz, tz, welch ein Banause! Eine Reise lebt auch von ihrer Selbstbestimmtheit. Von dem ganz subjektiven Blick, den jeder hat. Das beinhaltet auch eine frei bestimmte Auswahl der zu besuchenden Orte. Vielleicht wird deshalb nicht zufällig – gewissermaßen als eine Art Gegenbewegung zum strengen Abklappern der Sehenswürdigkeiten – als Reisemotivation so oft sehnsüchtig gesäuselt: »Mich einfach mal treiben lassen!«. Es ist ein respektabler Ansatz, die eigenen Neigungen in den Mittelpunkt zu stellen, manche Reisende haben die bemerkenswerte Gabe, sich den

»Muss« jeder New York-Tourist zur Freiheitsstatue?

Geist eines Ortes über Gespräche mit den Menschen zu erschließen, über das Flanieren durch die Gassen, das Verweilen auf einem schönen Platz oder das Feiern im Nachtleben.

Es gibt aber auch Sehenswürdigkeiten, die so besonders sind, dass ihren Besuchern reihenweise die Kinnladen herunterklappen. Ganz große Highlights, die die Schönheit der Erde oder der menschlichen Schaffenskraft mit voller Wucht auf einmal erfahrbar machen. Das sind Reisemomente, die sich kein interessierter Weltenbummler entgehen lässt. Wir wollen also gewiss nicht davon abraten, Sehenswürdigkeiten zu besichtigen. Man sollte es nur freiwillig tun und nicht, weil man irgendeine unsichtbare Verpflichtung dazu verspürt oder gar die doofen Kommentare der Daheimgebliebenen fürchtet. Der Punkt ist: Gerade auf Reisen ist man niemandem gegenüber Rechenschaft schuldig. Reisen ist schließlich der Antipode zum Alltag. Wer seine persönliche Agenda über einen fremdbestimmten Marathon zu diversen vermeintlichen Sehenswürdigkeiten stellt, hat nachher eine viel persönlichere Erfahrung gemacht. Die Message ist also: Menschen sind verschieden. Sehenswürdigkeiten auch.

Sicherheit

Oder: Welche Maßnahmen entscheidend sein können

Man muss es mal unverblümt aussprechen: Ein Weltenbummler lebt gefährlicher, als derjenige, der Hause bleibt. Daran besteht kein Zweifel. Das hat zwei Gründe: Der erste Grund ist man selbst. Man bewegt sich in der Fremde nicht so behände wie in der Heimat. Gewohnte Mechanismen greifen nicht, das Umfeld folgt anderen Gesetzmäßigkeiten, und dadurch läuft man etwas »unrunder« als sonst. In Deutschland steigt tatsächlich die Zahl der Unfälle am Tag nach der Umstellung auf die Sommerzeit, weil diese kleine äußere Veränderung die Leute irgendwie aus dem Takt bringt. Wenn man bedenkt, wie viele äußere Parameter sich auf einer Reise verändern, ahnt man bereits, dass das Risiko eines Fehltritts steigt. Zumal man auf einer Reise eher Tätigkeiten nachgeht, die von sich aus ein gewisses Risiko mitbringen. Oder wer macht schon im Alltag ständig Bergtouren, Kajakfahrten im Wildwasser oder Dschungelsafaris?

Der zweite Grund, man ahnt es: Es gibt nun mal Regionen auf der Welt, wo das Risiko, Opfer eines Verbrechens zu werden, höher ist als in Deutschland. Oder der Straßenverkehr ist etwas rabiater und es kommen, salopp gesprochen, eben mal ein paar mehr Leute unter die Räder. Natürlich ist es schwierig, pauschale Handlungsempfehlungen für weltweite Sicherheit auszusprechen. Schließlich ist die Lage überall anders. In jedem Land, in jeder Stadt, in jedem Stadtteil. Daher sollte man jeden Ort, den man bereist, neu bewerten. Denn eins ist auch klar: das Letzte, was passieren sollte, ist, dass man Sicherheitsvorkehrungen gegen Gefahren trifft, die gar nicht da sind. Wenn man plötzlich jedem harmlosen Einheimischen misstraut, kann der Spaß am Reisen schnell flöten gehen. Und paranoid möchte man ja auch nicht durch die Gegend laufen. Auf der anderen Seite: Zu naiv sollte man natürlich auch nicht sein, denn dann kann's plötzlich ganz schnell gehen.

Welche Maßnahmen haben sich denn nun bewährt?

- Vom Kopf her: ruhig bleiben, nichts chaotisieren oder überstürzen. Viele sicherheitsbedenkliche Situationen, sowohl Unfälle als auch betrügerische Handlungen, werden durch hektische, unüberlegte Aktionen begünstigt.
- Möglichst keine Wertsachen offen tragen. Wenn ein Hotelsafe vorhanden ist, diesen nutzen und nur mit dem nötigsten Bargeld rausgehen. Einige Weltenbummler schwören auf den »Klaugeldbeutel«, ein zweites Portemonnaie, das mit wertlosen Kundenkarten und ein wenig Bargeld bestückt ist und im Notfall herausgegeben wird. In jedem Fall sollte man darauf achten, dass der »richtige« Geldbeutel für Diebe schwer zugänglich ist. Also Gesäßtasche oder obere Rucksacktasche dafür vermeiden. Es gibt natürlich Geldkatzen oder Brustbeutel, die man nutzen kann. Die werden bei einem richtigen Überfall zwar auch gefunden, aber zumindest von Taschendieben nicht so schnell gezockt. Mittlerweile gibt es auch Geldgürtel, kleine Beutel, die am BH festgemacht werden können oder Taschen, die man am Bein trägt.
- Wer nachts in gefährlichen Stadtteilen alleine betrunken herumläuft, fordert sein Schicksal unnötig heraus. Stichwörter: Alleine. Nachts. Betrunken.
- Vor allem in Südamerika gibt es immer wieder Fälle von Skimming (Auslesen von Bankdaten durch schwer erkennbare Aufsätze an Bankautomaten). Wer sein Geld an Automaten innerhalb von Bankfilialen abhebt, verringert das Risiko. Dennoch sollte man die Bewegungen auf seinem Konto im Blick behalten.
- Auf das Bauchgefühl verlassen! Wenn einem eine Person oder ein Angebot windig vorkommen, einfach freundlich bedanken und weitergehen. Falls einen die Person verfolgt, ist es wichtig, dass man deeskalierend auftritt, und dem möglichen Aggressor ruhig entgegentritt, damit sich dessen Gemüt nicht weiter hochschaukelt.

Smartphones

Oder: Wie die Alleskönner das Reisen revolutionieren

Die kleinen Allrounder haben unseren Alltag nachhaltig verändert. Praktisch das gesamte Weltwissen ist in Sekundenschnelle abrufbar, und theoretisch kann jeder Mensch jeden beliebigen anderen auf der Erde zu jeder Zeit erreichen – das ist wahrhaftig revolutionär.

Hat das Smartphone auch unsere Art zu Reisen verändert?

Ja, ganz gewiss hat es das – so viel kann man gleich vorwegnehmen. Ob nun zum Guten oder Schlechten, hängt wie so oft davon ab, welche Perspektive man einnimmt.

Zunächst sollte erwähnt sein, dass Smartphones vieles einfacher machen. Sie helfen beim Navigieren in unbekannten Städten, rechnen Währungen um, übersetzen Fremdsprachen und ermöglichen es, auf Knopfdruck ein Taxi zu bestellen. Diese Liste kann fast unendlich erweitert werden. Für alles gibt es eine App. Der Kontakt nach Hause reißt auch in den entlegensten Winkel der Erde nicht mehr ab. Ich kann im Dschungel von Borneo sitzen und einen Videoanruf mit Mutti führen oder einen »Daumen hoch« für das Currywurst-Foto meines Arbeitskollegen vergeben. Das führt dazu, dass man sich nicht mehr so weit weg fühlt auf Reisen. Die Welt wird irgendwie kleiner. Freunde, Verwandte und eigentlich auch der gesamte Alltag sind immer nur einen Griff in die Hosentasche entfernt.

Und hier, man ahnt es, kommen die Kritiker ins Spiel. Beinhaltet eine authentische Reiseerfahrung nicht auch, dass man sich voll und ganz auf das Reiseziel einlässt? Wie weit kann man neue Eindrücke und Erfahrungen zulassen, wenn man keinen Abstand zum Alltag herstellt? Und überhaupt: Schmälern all die hilfreichen Apps nicht auch die Reiseerfahrung? Gehört es nicht zum Abenteuer, sich mal zu verlaufen und Einheimische nach dem Weg fragen zu müssen? Allgemein ausgedrückt:

Eröffnet nicht die Ungewissheit auch Raum für neue Erfahrungen und Begegnungen? Wer nur auf den Bildschirm fixiert ist, verliert den Blick für die aufregenden Dinge um sich herum. Reisen ist ja nicht nur das Abklappern von sogenannten Sehenswürdigkeiten. Die wahrhaft interessanten Dinge spielen sich häufig im Zwischenraum ab: in Begegnungen mit Einheimischen, auf spontanen Umwegen. Man könnte sagen: Ein Smartphone macht die Reise vorhersehbar(er). Es lohnt sich, diese Überlegungen einmal für sich anzustellen.

Vielleicht wird man feststellen, dass man das Smartphone allzu oft aus reiner Gewohnheit aus der Tasche zieht.

Hier noch ein paar nützliche Hinweise zum Smartphone auf Reisen:

- Man sollte vorher die Mailbox abstellen. Sonst zahlt man für jeden eingehenden Anruf, selbst wenn man ihn nicht einmal entgegennimmt, denn der Anrufer wird auf eine deutsche (Mailbox-)Nummer umgeleitet.

- Man sollte sich vor der Abreise über Roaming-Gebühren informieren. Obwohl die Preise, vor allem innerhalb Europas, in den letzten Jahren stark gefallen sind, greift der heimische Flatrate-Tarif im Ausland nicht. Am besten ist es selbstverständlich, kostenlose Anrufe über das WLAN-Netz zu führen.

- Das mobile Internet kann schnell zur Kostenfalle werden. Smartphones verbinden sich regelmäßig von selbst und »ungefragt« mit dem Netz. Am besten mobile Daten ausstellen, wenn man nicht explizit surfen möchte.

- Wer mit dem Smartphone außerhalb Europas telefonieren und ins Internet gehen möchte, kann häufig viel sparen, indem er eine Prepaidkarte vor Ort erwirbt und diese nutzt.

- Immer einen Sperrcode am Smartphone nutzen, so sind die Daten bei Diebstahl besser geschützt. Wenn das Handy geklaut wurde, die SIM-Karte umgehend vom Netzbetreiber sperren lassen.

Sparen

Oder: So kann man sich eine Weltreise leisten

Eine Weltreise kostet zwar nicht die Welt (→ Budget), aber sie kostet Geld. Um sie zu finanzieren, gibt es verschiedene Möglichkeiten:

1. Lotto spielen und gewinnen: Die Chance auf eine baldige Abreise sind bei diesem Ansatz allerdings, naja, eher mittel.

2. Reiche Eltern haben und um einen Vorschuss vom Erbe bitten: Könnte in einem Familienstreit enden.

3. Arbeiten und Geld sparen: laaangweilig!

(Auf kriminelle Aktivitäten gehen wir an dieser Stelle nicht ein. Dann könnte die Reise auch direkt hinter Gittern gehen.)

Also gut, Spaß beiseite: Otto-Normal-Reisender wird um Variante Nummer 3 nicht herum kommen. So, und um einen Überschuss zu erwirtschaften, den man für das Reisevorhaben beiseitelegen kann, muss man entweder a) mehr einnehmen oder b) weniger ausgeben. Für diese Erkenntnis muss man kein Wirtschaftsprofessor sein. Ganz clevere Weltenbummler kombinieren beides und verkürzen sich so die Zeit des Sparens erheblich. Aber welche Maßnahmen kann man ganz konkret ergreifen, um kurzfristig sein Konto aufzuhübschen?

Öffentlicher Nahverkehr in Kathmandu, Nepal

Mehreinnahmen generieren

Je nachdem, welchen Job man ausübt, lässt sich vielleicht noch eine Gehaltserhöhung rausholen. Allerdings sollte man dann aus strategischen Gründen nicht die Weltreise als Grund nennen, sondern mit – wie immer bei Gehaltsverhandlungen – dem eigenen Mehrwert, Erfolgen, mehr Verantwortung für ein Projekt etc. argumentieren. Wenn der Arbeitgeber weiß, dass man sowieso in einem Jahr kündigen möchte, wird er wohl keine Gehaltserhöhung mehr herausrücken.

Zu einer Vollzeitposition darf man auch einen Minijob ausüben (bis zu 450 Euro/Monat). Auf Minijobs entfallen keine Steuer- und Sozialabgaben, sodass dieses Einkommen direkt auf das Reisekonto fließen kann. Achtung: Der Arbeitgeber muss informiert werden, und auf das Arbeitszeitgesetz sollte man auch achten. Auch ehrenamtliche Tätigkeiten werden manchmal mit einer Aufwandsentschädigung entlohnt.

Wer in einer großen Wohnung lebt und noch ein Zimmer frei hat, kann sich einen Mitbewohner suchen – dadurch lassen sich Mieteinnahmen generieren. Achtung: Den Vermieter muss man um Erlaubnis fragen.

Braucht man wirklich so viele Klamotten? Müssen wirklich Smartphone, Tablet, PC und Fernseher sein? Meist besitzt man ziemlich viel Zeug, und wenn man auf Reisen gehen möchte, sollte man ausmisten und den Hausstand zu Geld machen. Technik verliert sowieso rasant an Wert, wenn sie nur herumliegt.

Ein paar unkonventionelle Methoden: Blutspenden, Blutplasmaspenden und Samenspenden werden offiziell nicht vergütet, aber es gibt Aufwandsentschädigungen. Als Samenspender darf es einem dann aber nichts ausmachen, wenn man in 18 Jahren einen Anruf erhält.

Kosten senken – Bares sparen!

Mit einem Ziel vor Augen fällt das Sparen nicht mehr so schwer. Wer dazu tendiert, sein Konto reflexartig leerzuräumen, sollte erst einmal ein separates Konto anlegen, auf dem zu Beginn des Monats der Sparbetrag direkt eingezahlt wird.

Und jetzt geht es ans Eingemachte:

- Konsum einschränken: weniger ist mehr. Ständig Shoppen muss jetzt nicht mehr sein, schließlich braucht man auf der Weltreise ja nur begrenzte → Kleidung. Auch neue Dekoartikel, BluRays/DVDs, Technikkram, Möbel sind überflüssig.

- Kochen statt Essen gehen, Cocktails selbst mixen, statt in der Bar was trinken, Filmabend statt Kino … all das spart viel Kohle!
- Muss es morgens der Coffee to go sein? Lieber eine Thermoskanne mitnehmen! Spart Geld und schont die Umwelt.
- Statt Kantine oder Mittagstisch lieber selbst vorkochen. In der Regel ist das sowieso gesünder als Currywurst und Pommes.
- Abo-Verträge kündigen: Fitnessstudio, Pay-TV, Zeitschriften
- Tarife checken und in den günstigsten wechseln: Strom, Gas, Mobilfunk
- Versicherungen checken: Braucht man die Rechtsschutzversicherung wirklich?
- Und braucht man wirklich ein Auto? Wer auf das Fahrrad oder den öffentlichen Nahverkehr umsteigen kann, spart und schont die Umwelt. Und der Autoverkauf bringt mal eben ein hübsches Sümmchen auf das Sparkonto.

Jeder sollte sich einmal vergegenwärtigen, welche Konsumausgaben er hat und was tatsächlich sein muss. Mit dem Ziel vor Augen fällt der Verzicht gar nicht mal so schwer.

Unterwegs geht das Sparen weiter …

… allerdings in Maßen, schließlich möchte man seine Reise auch genießen. Um das Budget zu schonen kann man:
- Weniger fliegen, mehr lokale Transportmittel nutzen (→ Flüge, → Bus fahren)
- Couchsurfen und → WWOOFen
- Im Hostel statt Hotel schlafen
- Als Alleinreisender im Dorm übernachten
- Streetfood in → Garküchen essen und → selbst kochen
- Auf → Alkohol verzichten (Partymachen ist ein Kostenfaktor)
- Unterwegs → arbeiten

83 Sport

Oder: Fit bleiben unterwegs – so geht's

Die gute Nachricht vorweg: Wer reist, bewegt sich in aller Regel ohnehin wesentlich mehr als im Büroalltag und kurbelt die Verbrennung allein schon wegen des aktiveren Lebensstils an (vorausgesetzt er liegt nicht nur in der Hotelanlage). Doch wer sowieso sportlich unterwegs ist und auch beim Weltenbummeln sein Fitnesslevel hoch halten möchte, kann bestimmt etwas mit folgenden Tipps anfangen:

Man braucht weniger Geräte für ein ordentliches Workout als uns Fitnessstudios weismachen wollen. Ein intensives Ganzkörpertraining ist auch in einem zehn Quadratmeter großen Hostelzimmer möglich. Es gibt jede Menge Bücher, aber auch Video-Tutorials im Netz, die komplette Work-outs ohne Geräte vorgeben. Auch Fitness-Apps können beim sogenannten Body-Weight-Training, dem Trainieren mit dem eigenen Körpergewicht, hilfreich sein. Diese halten die Ergebnisse fest und man bekommt einen zusätzlichen Motivationsschub, wenn man seinen Fortschritt angezeigt bekommt und diesen mit Freunden teilt.

Natürlich muss Sport nicht immer in der kleinen Kammer stattfinden. Gerade auf Reisen gelangt man doch zu den schönsten Spots. Warum nicht die tolle Umgebung nutzen? Je nachdem, wo man sich aufhält, bieten sich andere Aktivitäten an: Ein Workout am Strand! Schwimmen im Meer! Joggen im Park! Radfahren durch den Wald! Jeder Ort hat andere Vorzüge, die man ausnutzen sollte.

Eine Reise ist der perfekte Zeitpunkt, um etwas Neues auszuprobieren! Surfkurs, Yoga, Crossfit, was auch immer einem zusagt, Kurse aller Art werden beinahe überall angeboten. Im Idealfall lernt man so gleich ein paar nette Gleichgesinnte kennen. Letztlich hängt der Erfolg immer von der eigenen Motivation ab – das ist auf Reisen nicht anders als zu Hause. Also, wo ein Wille ist …

Sprachen

Oder: Sorry, I don't understand!

Erfahrene Weltenbummler wissen: Ein Wort in der Landessprache kann Türe öffnen. Es zeugt von Respekt, wenn man in der Lage ist (manchmal reicht auch schon der Versuch), ein paar Brocken in der fremden Sprache zu artikulieren. Die Menschen, denen man begegnet, werden es schätzen, dass man diese Anstrengung unternommen hat, denn man bezeugt dadurch Interesse und Wertschätzung für ihre Kultur. Umgekehrt kann es oft respektlos sein, wenn man Menschen ungefragt auf Englisch oder gar Deutsch bequatscht, vor allem wenn sie nicht in der Tourismusbranche arbeiten, also beispielsweise Hotelangestellte, Reiseleiter oder Flugbegleiter sind. Es empfiehlt sich daher, vor der Einreise zumindest ein paar gängige Floskeln zur Begrüßung/Verabschiedung und zum Bedanken einzuüben. In Regionen, wo kein Englisch gesprochen wird, kann man ein paar wichtige Sätze aufschreiben (lassen): »Wir suchen eine Unterkunft«, »Wie viel kostet das?«, »Gibt es etwas ohne Fisch?« – was auch immer man regelmäßig aufsagen muss. Zeigebücher, ähnlich wie ein Bilderbuch, können bei der Verständigung helfen.
Wenn man keine gemeinsame Sprache mit den Einheimischen teilt, kann es passieren, dass man sich ausgeschlossen fühlt. Nicht-Verstehen kann → Angst machen. Eines ist aber sicher: ein Lächeln und etwas Geduld können noch mehr Türen öffnen als jedes Wort.

Strand

Oder: Lass' dich einfach mal hängen

Ein Weltenbummler schwingt täglich in einer Hängematte zwischen zwei Palmen von links nach rechts, die Kokosnuss in der Hand und das breite Lächeln auf den Lippen – zugegeben, mehr Klischee geht nicht. Doch in jedem Klischee ist auch ein klitzekleines Fünkchen Wahrheit.

Ein paar Traumstrände dürfen auf der Weltreise nicht fehlen, und davon gibt es unzählige!

Die Karibik ist schon seit Jahren als Urlaubsparadies bekannt. Aber auch die Flitterwochenziele Mauritius, Seychellen oder Malediven sind berühmt-berüchtigt für ihre Traumstrände. Doch was genau macht sie

Es gibt sie noch: unberührte Traumstrände

so traumhaft? Der weiche, quietschende Puderzuckersand, der sich sanft an den Körper schmiegt, das beruhigende Rauschen des azurblauen Ozeans und hier und da nur eine leichte, salzige Meeresbrise – fertig ist der Tagtraum eines jeden Büroangestellten. (Wer sich im Berufsalltag besonders quälen möchte, wählt am besten noch den entsprechenden Desktophintergrund aus, um immer mal wieder vor dem nächsten Meeting zu denken: »Da wäre ich jetzt lieber.«)

Wer eine Langzeitreise in die Ferne plant, der möchte mindestens einmal an eben diesem idealtypischen, tropischen Strand liegen. Er entspringt unserer von Werbeversprechen gefütterten Fantasie, dass an diesem paradiesischen Ort die Welt in Ordnung ist. Die pure Entspannung scheint hier zu warten. Man braucht nur sein Handtuch auszulegen, einen beherzten Schluck aus der Kokosnuss zu nehmen und schon sind alle Sorgen wie weggeblasen. Dass auch ein Strand, und sei er noch so schön, irgendwann langweilig und monoton wird, lassen wir an dieser Stelle außen vor, das soll nur der Vollständigkeit halber erwähnt werden. Den perfekten Strand findet man glücklicherweise an vielen Stellen auf unserem Planeten: in der Karibik, in Australien, Brasilien, Tansania, aber auch in Italien oder Montenegro. Letzten Endes geht es nämlich um ein Gefühl: das Gefühl, der Natur nahe zu sein. Den Weitblick über das Meer zu genießen, einen unendlichen Horizont zu erblicken, zur Ruhe zu kommen und der Zivilisation für einen Moment zu entrinnen.

Dafür kann man dann auch mal das → Smartphone beiseitelegen und wirklich dem Moment seine volle Aufmerksamkeit schenken. Übrigens: die Etikette am Strand ist von Land zu Land unterschiedlich. Während man auf Mallorca sorglos oben ohne blankziehen kann, erntet man in Malaysia dafür nicht nur böse Blicke: Oben ohne zu baden kann im Gefängnis enden. FKK ist dort nämlich verboten, genauso wie in Dubai. Auch wenn man nicht bestraft wird, ist zu viel nackte Haut vielerorts einfach unangemessen. Auch in den USA ist es unüblich, oben ohne zu baden, und kann mit einer Geldstrafe geahndet werden. Daher: vorher informieren und auf die lokale → Kultur Rücksicht nehmen. Selbst in Thailand ist es außerhalb von Touristengebieten normal, mit Kleidung ins Wasser zu gehen. In solchen Gegenden sollte man also ein langes T-Shirt überziehen.

Träume

Oder: Wie traumhaft ist das Reiseleben wirklich?

»Mit der Weltreise erfülle ich mir einen Lebenstraum.« Oder: »Ich will *die* Zeit meines Lebens haben, bevor ich in den Beruf einsteige.« So oder so ähnlich beschreiben Reisende gerne beim abendlichen Bier im Gemeinschaftsraum des Hostels ihre Motivation zu Reisen. Das ist wunderbar – es verdient immer Respekt, wenn Menschen ihre Träume verwirklichen. Was in diesen Aussagen jedoch auch immer mitschwingt: Eine lange Reise verheißt ununterbrochene Glückseligkeit. Sie soll zur nahezu surrealen Selbstverwirklichungserfahrung werden. Das sind arg hohe Erwartungen.

Das Bild des Weltenbummlers ist durch Werbung, Filme, vielleicht auch wegen der Fotos unserer Freunde auf Facebook derart romantisiert, dass die öffentliche Wahrnehmung darüber, was man auf so einer Reise eigentlich alles macht, schließlich verzerrt ist. Eines ist aber sicher: So ein Weltenbummlerdasein ist häufig alles andere als traumhaft.

Unterziehen wir das Langzeitreisen also mal ganz nüchtern einem Reality-Check:

THESE 1: WELTENBUMMLER LIEGEN NUR AM STRAND RUM.

Niemand liegt die ganze Zeit am weißen Traumstrand, erklimmt Berggipfel, schnorchelt im Korallenriff oder entdeckt Orang-Utans im Dschungel. Das sind die absoluten Highlights! Zwischendurch, und das nimmt einen wesentlich größeren Teil der Zeit in Anspruch, beschäftigt man sich mit folgenden traumhaften Tätigkeiten: Busfahren, schwitzen, Wäsche wegbringen, Durchfall haben, Internet »suchen«, über Zimmerpreise verhandeln, Busfahren, etwas Essbares finden,

auf Busse warten, orientierungslos rumlaufen, Straßenseite wechseln wegen Straßenkötern, über Hitler reden (müssen), Chlortabletten in Flusswasser auflösen, Zimmernachbarn beim Schnarchen zuhören, alles verfluchen, Angst haben, seinen Ausweis zu verlieren, Fotos »rüberziehen« – und haben wir Busfahren schon erwähnt? Man fährt viel Bus.

THESE 2: WELTENBUMMLER SIND EINFACH NUR MEGA HAPPY!

Man ist ja nicht nur eine leere körperliche Hülle, die, sobald sie sich am Traumstrand räkelt, sämtliche Wünsche, Zweifel oder anderen menschlichen Eigenschaften ablegt. Selbst wenn die Umgebung noch so schön ist: Man hat keinen Spaß, weil man sich mit dem Reisepartner streitet. Oder das Gehirn deckt einem plötzlich alle Fehlentscheidungen des Lebens auf. So berechenbar ist das menschliche Wesen eben nicht. Gerade auf längeren Reisen kann einen der Reiseblues einholen. Die Vielzahl an Eindrücken innerhalb so kurzer Zeit macht irgendwann müde, selbst die Aussicht auf die schönste Landschaft kann einen nicht mehr motivieren. Wer richtig lange reist, stellt sich irgendwann die Sinnfrage, hat ironischerweise das Gefühl, im Leben nicht voranzukommen. Damit muss man erst einmal umgehen.

THESE 3: DER WELTENBUMMLER HAT EINE MILLION FREUNDE. Das gilt vielleicht gerade noch für Facebook. Aber was bleibt von den Menschen tatsächlich? Man lernt auf Reisen unglaublich viele Leute kennen. Was jetzt kommt, kann sich jeder denken: Häufig sind die Bekanntschaften flüchtig, man reist weiter und trennt sich wieder. Es ist ermüdend, diesen Vorgang immer wieder aufs Neue durchzuspielen.

Natürlich sollen diese Dinge niemand vom Reisen abhalten. Sie gehören einfach dazu, das müssen wir akzeptieren. Und gerade diese Unvollkommenheiten machen das Reisen unvergesslich. Wer erzählt am Lagerfeuer schon Geschichten von langweiliger Glückseligkeit?

Touristenfalle 87

Oder: »I make you good price, my friend«

»Tourist Trap« – so werden auf internationaler Weltenbummlerbühne jene unangenehmen Begleiterscheinungen touristisch beliebter Sehenswürdigkeiten genannt, die der Reisende fürchtet wie der Teufel das Weihwasser. 200 Euro für die Gondelfahrt in Venedig, eine »authentische Folkloreshow« zum touristischen Menü, aggressive Verkäufer auf dem »orientalischen Markt«? Jeder kann hier seine persönliche Gruselgeschichte einfügen. Die Atmosphäre mancherorts ist gekippt wie das Wasser in einem vergifteten See. Es geht nur noch um das bloße Geschäft. Bizarr-traurige Konversationen laufen vom Fließband und man bereut, auch nur Augenkontakt hergestellt zu haben. »How are you, my friend?«, denn wer freundlich ist, verkauft mehr, und doch stehen sich Touristen und Einheimische gegenüber wie verfeindete Parteien.

Wer die touristischen Hotspots dieser Welt bereist, muss dieses Phänomen fürchten, mal mehr, mal weniger stark ausgeprägt. Es gibt eben einen Grund, warum manche Orte so stark frequentiert werden: Weil sie einmalig sind auf der Welt. Venedig, die Pyramiden von Gizeh, die Niagarafälle – atemberaubend. Die ganze Erfahrung drumherum – nicht so. Wenn die Menschen ohnehin kommen, haben Gastronomen, Dienstleister und sonstige Geschäftemacher alle Trümpfe in der Hand. Warum außergewöhnliche Qualität bieten? Warum freundlich sein? Die Besucher haben ja keine andere Wahl, als ihre Dienste in Anspruch zu nehmen. Und wenngleich die Konkurrenz an solchen Orten hoch ist, so müssen sich Geschäftemacher ja nicht um Stammkunden bemühen. Es reicht, laut genug zu sein und einfach vom sardinenschwarmartigen Touristeneinfall abzuschöpfen. Natürlich ist dies ein zweischneidiges Schwert, und wie so oft im Leben lohnt der Perspektivenwechsel. Lokale Geschäftsleute stehen an solchen Orten unter hohem Druck. Sie müssen ihre gesamten Einnahmen während der Hochsaison generieren. Dazu kommen absurde Mietpreise. Gewinnspannen in Restaurants müssen dann beispielsweise zwangsläufig höher sein. Durch Massentourismus entsteht also ein unschönes Abhängigkeitsverhältnis, das wohl niemandem besonders Spaß macht. Was soll der smarte Weltenbummler denn nun tun, wenn er nicht auf Top-Sehenswürdigkeiten verzichten will? Nun, es gibt sehr viele Beispiele, wo neben der Hauptattraktion mehrere Alternativen existieren, die genauso schön sind und weniger öffentliche Beachtung finden. Grund ist das »The winner takes it all« – Phänomen bei Sehenswürdigkeiten: Das öffentliche Interesse fokussiert sich häufig auf ein Highlight, das dann mit sämtlichen Superlativen überhäuft wird, obwohl es nur marginal aus einer Vielzahl nahezu gleichwertiger Attraktionen herausragt. Mit etwas Recherche finden sich häufig sympathische Alternativen. Wenn es gar nicht anders geht: Augen zu und durch. Wenn möglich als Tagesausflug, sodass man nicht auf Gastronomie, Hotels etc.

vor Ort angewiesen ist. Man landet in dem grottigen Restaurant, in dem man eine Mikrowellen-Lasagne aus einer Alufolienschale für 10 Euro isst? Da bleibt nur: Guten Appetit – und mit Humor nehmen!

Trinkgeld

Oder: Guter Service muss entlohnt werden

Ein klassisches Fettnäpfchen für den ahnungslosen Weltenbummler. Die Trinkgeldkultur ist weltweit unterschiedlich, und man sollte sich natürlich über die Gepflogenheiten jedes Reiselandes vorher informieren. Die zwei Extreme bei diesem Thema sind wohl Japan und die USA. In Japan sollte man im Restaurant niemals Trinkgeld geben, auch wenn das Essen exzellent und der Service einzigartig waren. Japaner setzen guten Service voraus, und es käme einer Beleidigung gleich, diesen mit Geld zu honorieren. In den USA sieht es dagegen anders aus. Viele Kellner haben ein Grundgehalt, welches kaum der Rede wert ist. Sie sind vom Trinkgeld (Tip) finanziell abhängig, daher ist in den USA ein Trinkgeld von 15 bis 20 Prozent üblich. Wenn man einen besonders guten Service honorieren möchte, lässt man auch mal 25 Prozent springen. Obwohl man gesetzlich nicht zum Trinkgeld verpflichtet ist, gilt es als absolut unhöflich, dies nicht zu geben. Es soll schon vorgekommen sein, dass Kellner ihren knausrigen Kunden bis auf die Straße gefolgt sind, um ihr Tip einzufordern.

Grundsätzlich ist Trinkgeld nicht nur auf Restaurants beschränkt. In Nepal beispielsweise gibt es einen recht komplexen Schlüssel, der die Verteilung von Trinkgeld auf Trekkingtouren regelt. Je nach Hierarchie staffelt man die Vergabe an Guide, Assistenz-Guide, Kulturguide, Träger und Fahrer. Dies nur als Beispiel dafür, wie sensibel man bei diesem Thema manchmal sein sollte. Daher der Hinweis: sich vorher schlau machen.

Unterkunft

Oder: Welches Dach passt zu welchem Kopf?

Als Weltenbummler verbringt man einen Großteil seiner Zeit damit, die Befriedigung seiner grundsätzlichsten Bedürfnisse zu organisieren. Wo finde ich heute Unterschlupf? Was kann ich hier essen? Gerade bei Übernachtungsmöglichkeiten ist die Bandbreite immens, und zu jedem Weltenbummler passt auch ein Dach.

Grundsätzlich gilt, dass es gerade bei der Ankunft in einem neuen Land durchaus ratsam ist, eine erste Anlaufadresse zu haben. Wenn man nach einer Nachtbusfahrt total gerädert, verspannt, hungrig und durstig auch noch stundenlang nach einem Zimmer suchen muss, kann die Laune echt in den Keller fallen. In eher unsicheren Reiseregionen gilt: Man ist in solchen Situationen ein *easy target*, ein leichtes Opfer. Orientierungslos, müde und schlapp, vielleicht gar verzweifelt lockt man eher schräge Typen auf den Plan (→ Sicherheit). Daher der Tipp: Wenn man weiß, dass man k.o. irgendwo ankommen wird, sollte man ein Zimmer vorab reservieren. An Bahnhöfen in Asien, Südame-

Wer die Wahl hat, …

rika oder Afrika tummeln sich gelegentlich Schlepper, die für eine Provision Touristen zu gewissen Hotels führen. Das können auch Tuk-Tuk-oder Taxifahrer sein. Natürlich gibt es auch Anbieter seriöser Unterkünfte, die aus Konkurrenzdruck direkt am Bahnhof Promotion machen. Tendenziell kann es hier allerdings passieren, dass man in einer Unterkunft landet, die weit ab vom Schuss liegt oder einfach vergleichsweise teuer ist. Es ist daher ratsam, sich nicht direkt überrumpeln zu lassen, sondern sich selbst ein Bild von Angeboten und Preisen zu machen.

Ein weiterer Tipp für alle Unterkünfte: das Zimmer vorher checken. Ja, man kann auch im → Internet vorab die Rezensionen lesen. Aber wenn man eben doch erst vor Ort nach einem Zimmer Ausschau hält, lohnt sich ein Blick in selbiges vor der Buchung: Ist es sauber, funktionieren Strom, Wasser und Klimaanlage oder Ventilator? Müffelt es nach Schimmel? Krabbeln Kakerlaken herum? Ist die Bettwäsche sauber? Meistens erkennt man nach einem Gang ins Zimmer direkt, ob der Daumen hoch oder runter geht. Wenn man zufrieden ist und ein paar Tage länger an einem Ort bleiben möchte, kann man nach einem Langzeitdeal fragen. Und Langzeit kann übrigens auch schon eine Woche sein.

DER KLASSIKER: DAS HOSTEL Hostels sind günstigere Hotels, die neben dem Einzel- oder Doppelzimmer auch → Mehrbettzimmer (Dorms) anbieten. Wer alleine unterwegs ist, kann im Dorm viel Geld sparen und auch einfach Anschluss an andere Alleinreisende finden. Außerdem bieten Hostels oft Gemeinschaftsküchen und Aufenthaltsräume an. Manche haben sogar Büchertauschbörsen (*book exchange*), TV-Raum oder chillige Terrassen/Gärten. Auch einen *laundry service* zum Waschen der Klamotten bieten Hostels oft an. Im Großen und Ganzen also all das, was der Reisende benötigt. Mittlerweile gibt es auch unter den Hostels eine gewisse Bandbreite an Komfortlevels.

FÜR NATURVERBUNDENE: DER CAMPERVAN ODER DAS ZELT Je nach Region bietet es sich an, mit Zelt oder Camper unterwegs zu sein. Gerade in Australien, Neuseeland, den USA oder Kanada ist dies eine beliebte Reisevariante. Praktischerweise hat man dann sein Transportmittel bereits geklärt. Außerdem hat man so immer ein Zuhause dabei. Dafür muss man das Gefährt instand halten, Campingplätze bzw. Abstellmöglichkeiten sind tendenziell nicht in Zentren, und man ist eben »unter sich«. In öffentlichen Verkehrsmitteln trifft man auf Einheimische und kann Menschen beobachten. Wer mit dem eigenen Pkw unterwegs ist, lernt die lokale Infrastruktur nicht kennen, was so manches Reiseabenteuer ausmacht. Andererseits ist man unabhängig.

FÜR SPARFÜCHSE: COUCHSURFING

Das Schlafen auf der Couch eines fremden Menschen hat einen regelrechten Boom erlebt. Die Plattform »Couchsurfing« erfuhr in den vergangenen Jahren sehr großen Zulauf und ist nicht nur eine der preiswertesten Reisearten, nein, es ist auch eine ganz eigene Szene. Leute, die ihre Couch anbieten, wollen die Reisenden kennenlernen. Der soziale Austausch ist ein wichtiger Bestandteil dieser Übernachtungsart, sodass man nicht nur einen Schlafplatz für lau erhält, sondern auch am Leben eines anderen Menschen teilnimmt. Natürlich sollte man als Gast respekt- und rücksichtsvoll sein, dem Gastgeber eine kleine Aufmerksamkeit mitbringen und sich auf den kulturellen Austausch auch einlassen. Häufig allerdings finden sich unter den Gastgebern echte Partyliebhaber. Ein Blick auf die Bewertungen innerhalb der Plattform kann nie schaden, damit man vorher weiß worauf man sich einlässt.

DAS ETWAS ANDERE HOTEL: AIRBNB

Neben dem Couchsurfing hat eine weitere Online-Plattform den Hotelmarkt umgekrempelt: Airbnb. Das Konzept ist simpel: Leute, die ihre Wohnung gerade nicht benötigen oder ein Zimmer frei haben, vermieten dieses. Es gibt absolute Luxusappartements, abgefahrene Spezialhäuser, das typische Studenten-WG-Zimmer oder auch nur eine Luftmatratze im Wohnzimmer. Die Preise variieren entsprechend, und gerade für Langzeitmieten kann man auf diese Weise Schnäppchen machen. Der größte Charme ist, dass man in einem normalen Haus oder einer typischen Wohnung lebt. Außerdem lernt man über Airbnb auch seine Gastgeber kennen und taucht für eine Weile in ein anderes Leben ein. Da man dafür aber auch Miete zahlt, ist man dem Gastgeber zu nichts verpflichtet (außer, dass man sich auch hier ordentlich benehmen sollte). Über die Plattform werden sowohl Gastgeber als auch Gäste bewertet, sodass beide Seiten nach einem Blick auf das Profil sich vorstellen können, ob man vorübergehend zusammen wohnen könnte.

Vegetarier

Oder: »Is chicken okay«?

Fleischlos glücklich wird man nicht in jedem Land, beziehungsweise nicht immer leicht. Der Siegeszug der vegetarischen oder gar veganen Küche ist (noch) kein globales Phänomen. Während in Indien, übrigens das Epizentrum der vegetarischen Kost, eine fleischlose Ernährung prima klappt, sieht es in Argentinien schon schwieriger aus. Wer in Südamerika nach *algo sin carne* (etwas ohne Fleisch) fragt, kann schon mal mit Hühnchen konfrontiert werden. Auch kann es passieren, dass in einer asiatischen Suppenküche zwar kein Fleisch in der Suppe serviert wird, im Suppentopf aber Hühnerfüße schwimmen und der leckeren Brühe ihr Aroma verleihen. Ein Bilder-Wörterbuch kann bei der Bestellung gerade für Vegetarier hilfreich sein. Im Zweifel muss man sich dann auch auf lange Ernährungsphasen aus Beilagen einstellen. Oder sich in einem Hostel mit Gemeinschaftsküche einmieten, die Zutaten auf dem Markt kaufen und selbst → kochen.

Dem Weltenbummler stellt sich auch die moralische Frage: Erscheint es doch in Regionen, in denen viele Menschen vor allem darum kämpfen, sich und ihre Familie zu ernähren, sehr deplatziert, nach Soja- oder gar veganer Kost zu fragen. Außerdem ist ein integraler Bestandteil des Reisens auch das Kennenlernen anderer Essgewohnheiten. Aber diese Diskussion muss jeder mit sich selber ausmachen.

Verhandeln

Oder: Fünf Tipps für den Erfolg

Etwas Verhandlungsgeschick kann das Reisebudget gewaltig entlasten. Nur muss man ein paar Dinge beachten, damit alle Beteiligten etwas davon haben. Hier sind fünf Tipps für erfolgreiches Verhandeln:

1. NUR MUT Vielen Menschen fällt es schwer, überhaupt erst in eine Preisverhandlung einzusteigen. Schließlich ist man es aus Deutschland einfach gewohnt, feste Preise zu haben (mal abgesehen vom Flohmarkt). Manchen ist das Verhandeln unangenehm, weil sie nicht als geizig wahrgenommen werden wollen. Natürlich muss man vorher immer schauen, ob Preise überhaupt verhandelbar sind, aber falls ja, sollte man es auch tun. Einfach sportlich sehen und Spaß daran haben.

2. TIEF EINSTEIGEN Es ist sinnvoll, für sich (vorab) eine Schmerzgrenze festzulegen, die man bereit ist auszugeben. Wenn es ans Eingemachte geht und die ersten → Preise genannt werden, sollte man, eigentlich logisch, tiefer ansetzen. Man braucht immer Raum nach oben, um dem Verkäufer auch das Gefühl zu geben, dass man ihm entgegenkommt.

3. KEIN ALLZU GROSSES INTERESSE ZEIGEN Zunächst vorweg: Man sollte nur in die Verhandlung einsteigen, wenn man einen Artikel oder eine Dienstleistung auch wirklich möchte. Es macht Verkäufer zu Recht wütend, wenn viel Zeit und Energie in eine Preisverhandlung gesteckt wurde und man dann zu verstehen gibt, dass man ohnehin keine Kaufabsicht hatte. Und was tut man, wenn man das eine traumhafte Teil gefunden hat, dass es kein zweites Mal auf der Welt gibt? Man zeigt es dem Verkäufer nicht allzu offensichtlich. Wenn dieser erkennt, wie verzweifelt man einen Artikel möchte, hat er alle Trümpfe in der Hand. Einfach so tun, als fände man den Artikel zwar schön, hielte es aber trotzdem für keinen Weltuntergang, falls es zu keinem Handelsabschluss käme.

4. FREUNDLICH UND RESPEKTVOLL BLEIBEN Man hat ohnehin immer bessere Chancen, wenn einen der Verkäufer sympathisch findet. Also lächeln, Witze machen und immer auf Augenhöhe bleiben. Wer aggressiv verhandelt oder gar die Produkte des Verkäufers schlechtredet, tut sich keinen Gefallen.

5. WISSEN WANN SCHLUSS IST Auch als preisbewusster Weltenbummler sollte man nicht jeden Preis aus einem unreflektierten Selbstverständnis heraus runterhandeln. Wenn Preise angemessen sind, sollte man diese auch bezahlen und nicht die Notsituation des Verkäufers ausnutzen. Will man wirklich in einem halbstündigen Verhandlungsmarathon den Rikschafahrer in Kambodscha um einen weiteren Euro drücken, nur »weil es geht«?

Verkehr

Oder: Survival of the Fittest (or Fastest)

Wer in Deutschland aufgewachsen ist, hat – Ausnahmen bestätigen die Regel – eine recht entspannte Vorstellung davon, wie es im Straßenverkehr zugeht. Es gibt ja schließlich Regeln, und an die hält man sich auch. Und wenn man mal über die Straße muss, wo gerade keine Ampel oder Zebrastreifen sind, kann es sogar sein, dass ein Auto extra für einen abbremst. Aber Obacht! Auf Reisen kann sich das ganz schnell ändern, und man wird merken, dass mancherorts das Gesetz des Stärkeren gilt. Wir wollen ganz bestimmt keine typischen (Autofahr-)Klischees verbreiten. In erster Linie wollen wir vor den Gefahren, die rund um den Straßenverkehr lauern, warnen. Viele Reisende fürchten sich viel eher vor wilden Tieren, Erdbeben, Überfällen oder Entführungen, dabei ist die Wahrscheinlichkeit, im Straßenverkehr zu

Der gefürchtete Verkehrskollaps: nichts geht mehr.

Schaden zu kommen, um ein Vielfaches höher. Man sollte also erst mal sämtliche Vorstellungen von gegenseitiger Rücksichtnahme wieder

löschen und größte Vorsicht walten lassen. Nicht »davon ausgehen«, dass die Autos schon bremsen werden, wenn man auf die Straße läuft!

Es gibt Großstädte, die einfach nicht für Fußgänger konzipiert sind. In Nordamerika ist es manchmal schlichtweg unmöglich, zum McDonald's auf der anderen Straßenseite zu gelangen. Man setzt sich ins Auto, wendet auf einer → turnpike – und bestellt dann ohnehin direkt aus dem Auto seine Burger. Und wenn man kein Auto hat? Ja dann … dann halt nicht. Auch manche Metropolen Südostasiens, vor allem in Indonesien, machen als Fußgänger nicht viel Spaß – da hilft nur: Arm raushalten und in das nächste Tuk-Tuk springen.

Besonders schwierige Situationen sind Fahrten mit öffentlichen Transportmitteln. Wer als Weltenbummler in Asien, Afrika oder Mittel- und Südamerika Überlandfahrten gemacht hat, wird das kennen. Natürlich ist jede Fahrt anders und auch jeder Fahrer. Einige von ihnen jedoch lassen sich ungern reinreden, auch wenn man aufgrund ihres Fahrstils innerlich schon sein Testament verfasst. Im Ernst jetzt: Entweder man steigt dann einfach aus, was mitten im Niemandsland selbstverständlich keine zufriedenstellende Option ist, oder man geht mit dem Busfahrer ins Gespräch. Am besten hat man dabei »Verbündete« im Rücken, die der gleichen Auffassung sind.

93 Visitenkarte
Oder: Wenn es mal wieder schnell gehen muss

Nur ein kleiner Tipp am Rande: vor der Reise Visitenkarten drucken zu lassen, ist praktisch. Man kommt unterwegs immer wieder in Situationen, in denen man nette Leute trifft, sich super unterhält, doch dann trennen sich die Wege abrupt wieder (weil beispielsweise einer aus dem

Bus steigen muss). Wenn man dann kurzerhand eine Visitenkarte aus dem Ärmel zieht, kann man vielleicht den Kontakt zu einer Person halten, die man sonst aus den Augen verloren hätte. Außerdem: Wer einen Reiseblog führt, kann auf diese Art dafür werben und Leser für sich gewinnen.

Visum

Oder: Die Eintrittskarte ins Abenteuer

Die gute Nachricht gleich vorweg. Als Inhaber eines deutschen → **Reisepasses** genießt man ausgesprochen hohe Privilegien. Laut »Visa Restrictions Index« ist der bordeauxrote Pass mit dem Adler gar der mächtigste weltweit. Ganze 177 Staaten können deutsche Staatsbürger visafrei bereisen. Für uns ist es daher fast selbstverständlich, nahezu überall problemlos hinfahren zu können. Innerhalb der EU existiert ohnehin uneingeschränkte Reisefreiheit. Dennoch ist es unabdingbar, vor der Tour die Einreisebestimmungen der Zielländer etwas genauer unter die Lupe zu nehmen. Denn für viele Länder gilt auch für Inhaber eines deutschen Passes Visumpflicht, und selbst wenn man visafrei in ein Land hineinkommt, heißt das nicht, dass man nicht vorher ein paar bürokratische Hürden nehmen muss. Auch wenn man vor der Reise keine Lust auf faden Papierkram hat, kann man sich durch gründliche Vorbereitung eine Menge Ärger sparen. Denn nichts ist frustrierender als an einer Grenze abgewiesen zu werden, und das muss nun wirklich nicht sein.

Hier ein grober Überblick über die Einreisebestimmungen ausgewählter Regionen – mit dem Hinweis, dass diese sich jederzeit ohne Ankündigung ändern können.

EUROPÄISCHE UNION Hier gilt das Schengen-Abkommen, was besagt, dass es keine stationären Grenzkontrollen innerhalb der Binnengrenzen gibt. Grenzenlose Reisefreude also in diesen Ländern.

USA Besitzer eines deutschen Reisepasses können sich bis zu drei Monate ohne Visum in den Vereinigten Staaten aufhalten. Hört sich schon mal gut an. Doch wer hier aufhört zu lesen und sich in das nächste Flugzeug in die USA setzt, wird ein böses Erwachen erleben. Deutsche Reisende müssen am US-Visa-Waiver-Programm teilnehmen, was bedeutet, dass man im Besitz einer elektronischen Reiseerlaubnis (ESTA) sein muss, um in die Vereinigten Staaten zu reisen. Man sollte außerdem über einen Reisepass mit integriertem elektronischem Chip verfügen. Die Teilnahme am US-Visa-Waiver-Programm stellt auch noch keine Garantie für eine Einreise dar, die letzte Entscheidung liegt immer noch beim Grenzbeamten vor Ort. Wenn dieser einen mustert, sollte man sich seine Terroristen- und Bombenwitze also für einen Moment sparen. Kann gut sein, dass einem das Lachen sonst recht schnell wieder vergeht.

ZENTRAL-/SÜDAMERIKA Die Tour von Mexiko bis Feuerland mag beschwerlich sein – was den Visumstress angeht, ist sie dagegen relativ entspannt. Die meisten zentral- und südamerikanischen Länder können visumfrei bereist werden. In der Regel erhält man eine dreimonatige Aufenthaltserlaubnis am Grenzübergang. Was sich allerdings für manchen Backpacker als tückisch herausgestellt hat: Häufig muss ein Nachweis vorgelegt werden, dass man innerhalb dieses Zeitraums auch wieder ausreist. Wie ernst dieser Nachweis in der Praxis genommen wird, scheint häufig der Tagesform des Grenzbeamten zu unterliegen. Man sollte allerdings auf die Frage vorbereitet sein und sich eine Antwort zurechtlegen.

AUSTRALIEN Deutsche Staatsangehörige benötigen wie alle anderen ein Visum, um nach Australien einzureisen. Das Verfahren ist allerdings ziemlich benutzerfreundlich: Über eine Online-Plattform (eVisitor) kann man sein Visum beantragen. Man gibt unter anderem

Passdaten und E-Mail-Adresse an und erfährt in der Regel kurz darauf, ob dem Antrag stattgegeben wird. Das Visum ist kostenlos und zwölf Monate gültig. Die maximale Aufenthaltszeit darf drei Monate nicht überschreiten.

ASIEN In Asien sind die Visumvorschriften genauso vielfältig wie der Kontinent selbst. Wer durch diesen Kontinent reist (auch auf dem bei Backpackern beliebten Banana Pancake Trail), kommt höchstwahrscheinlich durch das ein oder andere visumpflichtige Land. Wichtig ist, dass man sich rechtzeitig vorher informiert. Viele Länder stellen Touristen sogenannte »Visa on arrival« aus. Diese können allerdings eine verhältnismäßig kurze Gültigkeit haben – auch das sollte beachtet werden. Man sollte sich auch bewusst sein, dass sich Einreisebestimmungen kurzfristig ändern können. Wenn einem der Kumpel erzählt, dass bei seiner Asientour vor fünf Jahren »die Jungs an der Grenze nach Laos voll locker waren«, kann das immer noch so sein. Muss es aber nicht.

AFRIKA Nordafrikanische Länder, die stark auf sonnenhungrige Pauschaltouristen setzen, sind selbstverständlich ohne großen Aufwand zu bereisen. Selbst wenn ein Visum zur Einreise benötigt wird, kann dieses, wie beispielsweise in Ägypten, am Flughafen erworben werden. Auch die Einreise nach Namibia, Südafrika oder in den Senegal ist ohne weiteres visumfrei möglich: Deutschen Touristen wird ein Aufenthalt von bis zu 90 Tagen gewährt – auch hier sollte man ein Ausreiseticket vorlegen können. Wer nach Mosambik oder Kenia möchte, muss sich vorher um ein Visum kümmern. Bei letzterem kann dieses sowohl online als auch in den Botschaften für 50 US-Dollar beantragt werden. Grundsätzlich, und das ist jetzt keine große Weisheit mehr, sollte für jedes Land vor Reiseantritt genau recherchiert werden.

95 Volunteering

Oder: Nachhaltig gutes Tun

Die Welt hat viel Schönes zu bieten: freundliche, hilfsbereite Menschen, atemberaubende Landschaften, faszinierende Kulturen. Das wissen Weltenbummler, darum sind sie ja gerne unterwegs. Doch nicht überall herrscht Friede-Freude-Eierkuchen – auch das wissen Weltenbummler aus erster Hand. Wer etwas zurückgeben möchte, denkt sicher irgendwann daran, sich in einer Nicht-Regierungs-Organisation zu engagieren, als so genannter Volunteer (Ehrenamtler). Ob Englischunterricht für Kinder, Brunnen- oder Häuserbau in krisengeschüttelten Regionen oder Umweltschutz im Regenwald – Anlässe, sich zu engagieren, gibt es genug. Vor allem junge Menschen, die gerade die Schule beendet haben oder sich im Studium befinden, strotzen oft vor Motivation und wollen etwas Gutes tun. Dies mit Auslandserfahrung paaren zu wollen, ist per se nicht verwerflich. Und doch sollte man sich gründlich überlegen, welche Auswirkungen das eigene Handeln hat.

Gut gemeint ist noch nicht gut gemacht! Wenn man sich im Ausland sozial engagieren möchte, sollte man überlegen, welche Qualifikationen man mitbringt. Gerade die Arbeit mit Menschen in Notsituationen erfordert hohe soziale Kompetenzen und spezielle Qualifikationen. Wer mit traumatisierten Kindern oder sexuell missbrauchten Frauen arbeitet, muss psychologisch ausgebildet sein. Außerdem sollte der Zeitraum, den man vor Ort hilft, von einer gewissen Dauer sein. Die Arbeit mit traumatisierten Menschen erfordert Vertrauen, welches über die Zeit aufgebaut wird. Auch die Einarbeitung und das Einleben in einem anderen Land benötigen Zeit. Reist man nach wenigen Wochen wieder ab, kann dies negative Auswirkungen auf die Menschen haben. Zudem sollte man sich informieren, wie die wirtschaftliche Lage ist, schließlich möchte man einer lokalen Kraft nicht den Arbeitsplatz wegnehmen.

Die Organisation, bei der man sich engagieren möchte, sollte ebenfalls geprüft werden. Im Zweifel landen sonst Gelder dort, wo sie nicht landen sollten. Indikatoren, die man sich ansehen sollte:

- Dauer der Einsätze
- Wie lange läuft das Projekt bereits?
- Wie werden Ehrenamtler ausgewählt?
- Wie ist die Vorbereitung (Seminare/Sprachkurse)?
- Transparenz (z. B. Jahresberichte, Einnahmen/Ausgaben)

So genannte Voluntourismus-Angebote sind bereits im US-amerikanischen Raum seit Jahren verbreitet und finden auch in unseren Breitengraden immer mehr Abnehmer. Bei diesen Paketen (die Wortschöpfung stammt von Volunteering und Tourismus) kombiniert man die ehrenamtliche Arbeit mit touristischen Angeboten. Hier gilt es, intensiv zu prüfen, welche Organisation man unterstützt und ob die eigene ehrenamtliche Arbeit wirklich einen Mehrwert für die Menschen vor Ort hat. Wer in Indien Straßenkindern helfen möchte und selber in einem Drei-Sterne-Hotel unterkommt, sollte die eigene Motivation selbstkritisch hinterfragen, denn am Ende übernimmt auch ein Ehrenamtler viel Verantwortung und sollte nicht nur den Lebenslauf aufpolieren.

Wandern
Oder: Die besten Routen der Welt

96

Wandern ist eine magische Tätigkeit. Beinahe meditativ. Es ist so viel mehr als zu Fuß von A nach B zu gelangen. Für manche ist Wandern eine so ausfüllende Tätigkeit, dass ihnen vollkommen egal ist, wo sie laufen. Hauptsache raus, Hauptsache Bewegung, Hauptsache Natur. Wandern also als Tätigkeit, die sich selbst genug ist. Wenn man jedoch die positive Wirkung des Laufens mit einem Ausblick auf atemberaubende Landschaften verbinden kann, wird eine einzigartige, manche sagen bewusstseinserweiternde Erfahrung möglich. Eins ist klar: Das Wandern hat längst das angestaubte Kniestrumpfimage abgelegt und erlebt einen regelrechten Boom. Und die Welt ist voller einzigartiger, faszinierender Wanderwege. Hier nur ein paar Beispiele:

EVEREST BASECAMP TREK Zugegebenermaßen alles andere als ein Geheimtipp. Teile der Strecke werden nicht ganz zu Unrecht auch »Himalayan Highway« genannt, weil hier in der Saison echt viel Betrieb herrscht. Das Ganze hat aber auch gute Gründe. Die Wanderungen durch die größte Gebirgskette der Welt, umgeben von mehreren 8000ern, sind einfach absolut beeindruckend. Darüber hinaus bekommt man einen kleinen Einblick in das Leben der stolzen Sherpas. Das erste Abenteuer ist schon der Landeanflug am Tenzing-Hillary Airport in Lukla, dem Startpunkt des Treks. Dieser gilt als einer der gefährlichsten der Welt, denn die stark abfallende Start- und Landebahn ist extrem kurz und hört abrupt an der Klippe des Dudh Kosi auf.

Einfach wunderbar: die Welt zu Fuß erkunden.

SANTA CRUZ TREK PERU Die Cordillera Blanca, Amerikas größte Gebirgskette – ein schoneres Setting könnte es für eine Wanderung kaum geben. Startpunkt ist das Bergsteigerstädtchen Huaraz, bereits auf sage und schreibe über 3000 Meter Höhe gelegen. Je nach Gusto sollte man ganze vier bis fünf Tage für den Trek einplanen. Highlights sind die Überquerung des Punta Union Passes (4759 m) und der anschließende Blick auf die Lagunen von Llanganuco. Unterkünfte und Gastronomie gibt es schließlich auf dem Weg keine, also genug Lebensmittel und ein Zelt einpacken. Oder gleich einen Esel mieten, geht wirklich!

LAUGAVEGUR, ISLAND Der »Weg der heißen Quellen« führt durch nahezu surreal anmutende Gletscherlandschaften. Auf der fünftägigen Tour jagt ein Highlight das andere: blubbernde Geothermalquellen, wilde Wasserfälle, stille Seen und immer wieder atemberaubende Panoramablicke auf den Nordatlantik.

ROUTEBURN TRACK, NEUSEELAND Etwas für den effizienten Wanderer: Wer nicht länger als drei Tage »da draußen« sein und in dieser kurzen Zeit trotzdem dramatisch wechselnde Natur erleben möchte, sollte seine Wanderstiefel hierher auf die Südinsel Neuseelands mitnehmen. Dieser Trek vereint Abschnitte durch den Regenwald und alpines Gelände. Birdwatcher sollten Ausschau nach dem berühmt-berüchtigten Kea halten: Der farbenfrohe, alpine Papagei ist ein berühmter Langfinger und hat schon so manchen Wanderhut mitgehen lassen.

Selbstverständlich sind das nur ein paar Rosinen, um den Mund ein wenig wässrig zu machen. Die Liste ließe sich nahezu unendlich fortsetzen – unser Globus ist so reich an spektakulären Landschaften und Wanderwegen, dass die nächste Tour eigentlich nie weit weg ist.

Waschen

Oder: So gehen einem nie die Unterhosen aus

97

Anzahl der Urlaubstage = Anzahl von Shirts, Socken und Unterhosen. Diese Gleichung haben wohl bereits unzählige kofferpackende Reisefreudige am Vorabend ihres Abflugs zur Anwendung gebracht. Ist auch in Ordnung: Für den Citytrip nach London oder die Strandwoche auf Malle spricht ja nichts dagegen. Aber ein Weltenbummler, der sich den Rucksack für eine wochenlange Tour packt, muss selbstverständlich effizienter planen.

Es gibt zwei Möglichkeiten: Entweder er lässt seine Wäsche unterwegs waschen oder greift zum berühmten »Rei in der Tube« und legt selbst Hand an. Oder er kombiniert beides, je nach Bedarf. Eins ist sicher: Auch in Regionen, in denen nicht mehr viele Touristen unterwegs sind, findet sich so gut wie immer ein sogenannter *laundry-service*. Also nicht zu viele Klamotten mitnehmen – wenn so gepackt wird, dass man sie-

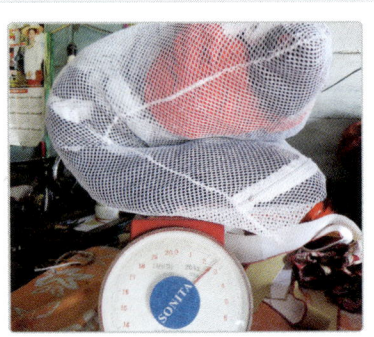

ben Tage ohne zu waschen durchkommt, ist das ein guter Richtwert. Zu schwer soll der Rucksack nicht werden.

Je nach Reiseziel sind die Gepflogenheiten beim Waschen natürlich manchmal anders. In den berüchtigten Backpacker-Gebieten in Asien und Südamerika gibt man seine Wäsche ab, diese wird gewogen, da nach Gewicht bezahlt wird, und ein bis zwei Tage später kann man sie wieder abholen. Häufig ist das so günstig, dass es sich selbst für

Der Waschservice wird häufig nach Kilo berechnet.

Sparfüchse kaum lohnt, selbst per Hand zu waschen. In Nordamerika und Europa gibt es hingegen eher Waschsalons zur Selbstbedienung. Für die Ausflüge in weniger bevölkerte Regionen, für die Wildnis oder das Gebirge ist die kleine Reisetube Waschgel ein sinnvoller Begleiter. Es empfiehlt sich dann auch, ein paar sogenannte Funktionsshirts dabeizuhaben, da sie nicht nur sehr leicht sind, sondern wesentlich schneller trocknen.

98 WWOOFen

Oder: Eine clevere Methode, für Kost und Logis zu arbeiten

Eine relativ neue Form von Work & Travel ist das Netzwerk »WWOOF« (World wide opportunities on organic farms). Die simple Grundidee ist, Freiwillige und Betreiber von nachhaltig bewirtschafteten Farmen zusammenzubringen. Der Freiwillige bietet täglich zwischen vier und sechs Stunden Arbeitszeit auf dem Hof gegen freie Kost und Logis an. Das Konzept sieht vor, Menschen zusammenzubringen, die sich für alternative, ökologisch nachhaltige Lebensweisen interessieren. Natürlich ist dies auch eine Variante, um mit kleinem Budget zu reisen.

Die Dachorganisation WWOOF ist in nationale Ableger organisiert, denen man für eine jährliche Mitgliedsgebühr (z. B. in Australien

WWOOFen kann so herrlich sein!

aktuell 70 AUD, in den USA 40 USD) beitritt. Länder, die zwar WWOOF-Anbieter, aber keine nationale Organisation haben, sind unter »other countries« in einer Datenbank zusammengefasst (Mitgliedschaft 15 Britische Pfund). Mit der jeweils einjährigen Mitgliedschaft erwirbt man den Zugang zu den Datenbanken und kann selbst mit Anbietern in Kontakt treten. Praktisch ist auch, dass es für WWOOFer keine Altersbegrenzung gibt, anders als bei klassischen Work-&-Travel-Angeboten, die eher auf unter 30-Jährige ausgerichtet sind.

Wetter

Oder: Jeder schimpft darüber, aber keiner tut etwas dagegen

»Es gibt kein schlechtes Wetter, es gibt nur falsche Kleidung«. Also gut, der ausgelutschteste Spruch zum Thema ist gefallen. Haken dran. Was fällt uns jetzt noch zum Thema Wetter ein? Nun ja, vielleicht sollten wir darauf hinweisen, dass das Wetter ausschlaggebend dafür sein kann, in welchem Zustand man einen Ort vorfindet.

Strandorte, die im Winter wie Geisterstädte aussehen, können im Sommer aus allen Nähten platzen. Ganze Landstriche sind in vielen Regionen der Welt während der Regenzeit von der Außenwelt abgeschnitten. Fähren richten ihren Betrieb nach dem Wind aus. Wanderungen werden wegen schlechter Witterung abgebrochen. Dies sind nur einige Beispiele dafür, welche Auswirkungen das Wetter auf den Alltag haben kann. Auch wer die Einstellung hat: »Ist mir egal, ob es warm oder kalt ist«, sollte sich trotzdem etwas intensiver mit dem Wetter in der Zielregion auseinandersetzen. Die Wetterlage kann weitreichendere Auswirkungen auf den Aufenthalt haben als die Frage, ob man nun eine Jacke braucht oder nicht.

In vielen Regionen der Welt haben wiederkehrende Wetterphänomene oder Jahreszeiten viel dramatischere Folgen – manche können überhaupt nicht mehr bereist werden, andere verlieren ihren Reiz. Wiederum manche Regionen präsentieren sich von zwei komplett unterschiedlichen Seiten, die man, wenn man die Chance hat, beide mal sehen sollte. Es ist vor allem dann wichtig über das Wetter informiert zu sein, wenn die eine Tätigkeit, wegen der man überhaupt kommt, nur unter gewissen Wetterbedingungen möglich ist (Bergsteigen, Surfen, Wandern, Sonnenbaden, etc). Und wer auf der Weltreise auf der Suche nach dem endlosen Sommer ist, sollte seine Route gut planen, andernfalls kann es schnell eine endlose Regenzeit werden.

100 Zeit
Oder: Warum Reisen das Leben verlängert

Wer reist, lebt länger. Oder mehr. Behaupten wir jetzt einfach mal. Na gut, wir versuchen das zu begründen: Immer dann, wenn etwas besonders intensiv oder emotional empfunden wird, prägt sich dies stärker in unserer Erinnerung ein. Zum Beispiel beim Reisen. Man erlebt und sieht vieles zum ersten Mal, wenn man in unbekannter Umgebung unterwegs ist. Dabei geht es nicht nur um ganz offensichtliche Dinge wie: zum ersten Mal einen Bungee-Sprung gemacht oder den Mount

Everest bezwungen. Es geht um die feinsten Abweichungen vom Vertrauten: neue Gerüche, kulturelle Gepflogenheiten, ungeschriebene Gesetze und Sprachen. Unser Geist ist in diesen Momenten aufmerksamer, wir sind viel stärker »bei der Sache«. Diese Intensität des Reisens kann wahrlich süchtig machen und ist ein Grund, warum es viele Abenteurer immer wieder hinauszieht.

Doch dies ist nicht nur aufregend, sondern auch anstrengend. (Vielleicht erklärt es auch, warum man auf einer Reise immer so müde ist.) Aber die Anstrengungen lohnen sich: Selbst Jahre später können wir den Ablauf einer Reise ziemlich präzise beschreiben. Wir können uns bisweilen an die absurdesten Details erinnern: das Kissen war in dieser Nacht zu hart, man hatte einen Sonnenbrand im Nacken, der Obstverkäufer hatte ein irres Doppelkinn, die Rückenlehne des Busses ließ sich nicht verstellen … solche Sachen eben.

Und umgekehrt: Was ist heute vor genau fünf Jahren gewesen (falls man nicht zufällig auf Reisen war)? Ganz genau. Gähnende Leere im Kopf. Aus dieser Sicht verlängert Reisen tatsächlich das Leben. Zumindest denken wir das, weil wir unser Leben im Rückblick als viel ereignisreicher und »voller« wahrnehmen. Wenn das kein Grund ist schnellstmöglich wieder aufzubrechen …

Zoll

Oder: »Wie, die nehmen mir den Koalabär aus der Handtasche wieder weg?«

Okay, okay, dass man einen Koalabären nicht mitnehmen darf, ist den meisten Leuten sicher klar. Und trotzdem ist der deutsche Zoll das Schreckgespenst bei der Einreise. Was also darf man einführen? Die nachfolgenden Angaben setzen immer voraus, dass man Waren als Privatperson für den eigenen Verbrauch bzw. als Geschenk einführt, also ohne gewerbliche Absicht, und sie im eigenen Koffer transportiert.

Waren für den persönlichen Verbrauch können innerhalb der EU frei eingeführt werden. Allerdings werden Genussmittel wie Tabak und Alkohol in den Staaten unterschiedlich besteuert. Daher gelten folgende Regeln:

EINFUHR AUS DEM EU-AUSLAND Tabakwaren: 800 Zigaretten, 400 Zigarillos, 200 Zigarren oder 1 Kilo Tabak. Dabei muss auch bei innerhalb der EU gekauften Artikeln darauf geachtet werden, dass diese nicht aus einem Nicht-EU-Staat eingeführt wurden. Beispielsweise ist die Marke »Jin Ling« immer illegal. Diese Zigaretten werden in Zentralrussland oder Moldawien hergestellt und werden gerne auf dem Schwarzmarkt gehandelt.
Alkohol: 10 l Spirituosen (z. B. Whisky, Wodka), 10 l Alkopops, 20 l Zwischenerzeugnisse (z. B. Sherry, Portwein), 60 l Schaumwein oder 100 l Bier

EINFUHR AUS NICHT-EU-STAATEN Hier liegen die Grenzen bei den sogenannten Genussartikeln schon bedeutend niedriger:

- Tabakwaren: 200 Zigaretten, 100 Zigarillos, 50 Zigarren oder 250 g Tabak.
- Alkohol: 1 l Spirituosen über 22 % Alkoholgehalt oder 2 l alkoholische Getränke unter 22 %, 4 l Wein oder 16 l Bier. Das sollte dem durchschnittlichen Weltenbummler auch ausreichen.
- Andere Waren: Wer von einer Flug- oder Seereise aus einem Nicht-EU-Land zurückkehrt, der darf Waren nur bis zu einem Warenwert von maximal 430 Euro einführen. Dafür muss man auch Kassenbons oder Kreditkartenabrechnungen aufbewahren. Bis zu einem Wert von 700 Euro fallen 17,5 Prozent, darüber hinaus dann sogar 19 Prozent des Warenwertes an. So kann aus dem vermeintlichen Einkaufs-Schnäppchen ein teurer Spaß werden.

UND WAS IST MIT DER POST? Wer sich seine Waren per Post schickt, ist vor dem Zoll keineswegs gefeit. Dieser wird auch aktiv, wenn man sich ein Paket aus einem Nicht-EU-Staat nach Hause sendet. Hier gelten noch geringere Warenwertmengen:

Warenwert bis 45 Euro: kein Problem. Aber Genussmittel unterliegen natürlich den genannten Beschränkungen. Warenwert zwischen 45 und 700 Euro: Hier fällt der pauschalierte Einfuhrsteuersatz von 17,5 Prozent an; bei einem Wert über 700 Euro dann der reguläre Satz.

Der Zoll kann außerdem Gebühren berechnen, zum Beispiel für die Lagerung von Ware.

EINE AUSNAHME: ÜBERSIEDLUNGSGUT Wer für einen Zeitraum mehr als 12 Monaten seinen Lebensmittelpunkt außerhalb Europas hatte, kann unter Umständen Waren über 430 Euro Warenwert einführen. Es handelt sich nämlich dann um Übersiedlungsgut. Voraussetzung ist, dass man die Ware bereits sechs Monate vor der »Übersiedlung« erworben hat (Belege aufbewahren) und seinen Hauptwohnsitz nachweislich nicht in Deutschland hatte.

GENERELLE EINFUHRVERBOTE Neben diesen Einfuhrrichtlinien gibt es auch -verbote für:

- Alles, was mit Gewalt zu tun hat (Waffen, Munition, Folterinstrumente), Feuerwerkskörper, Pornografisches Material, Kulturgüter (zum Schutz von historischen Stätten, also keinen Stein vom Kolosseum klauen!). Drogen, Betäubungs- und Arzneimittel unterliegen spezifischen Richtlinien.
- Zudem sollte man keine Tiere, Fossilien oder Erzeugnisse von Pflanzen oder Tieren, die unter Artenschutz stehen, erwerben.
- Aus Nicht-EU-Staaten dürfen keine tierischen Lebensmittel eingeführt werden. Vorsicht sollte man auch bei Marken- und Produktpiraterie walten lassen.
- Für Bürokratieliebhaber und alle, die bald mit einem prallgefüllten Rucksack nach Deutschland einreisen wollen, sei die eingehende Lektüre der Internetseite des Zolls empfohlen: www.zoll.de

Register

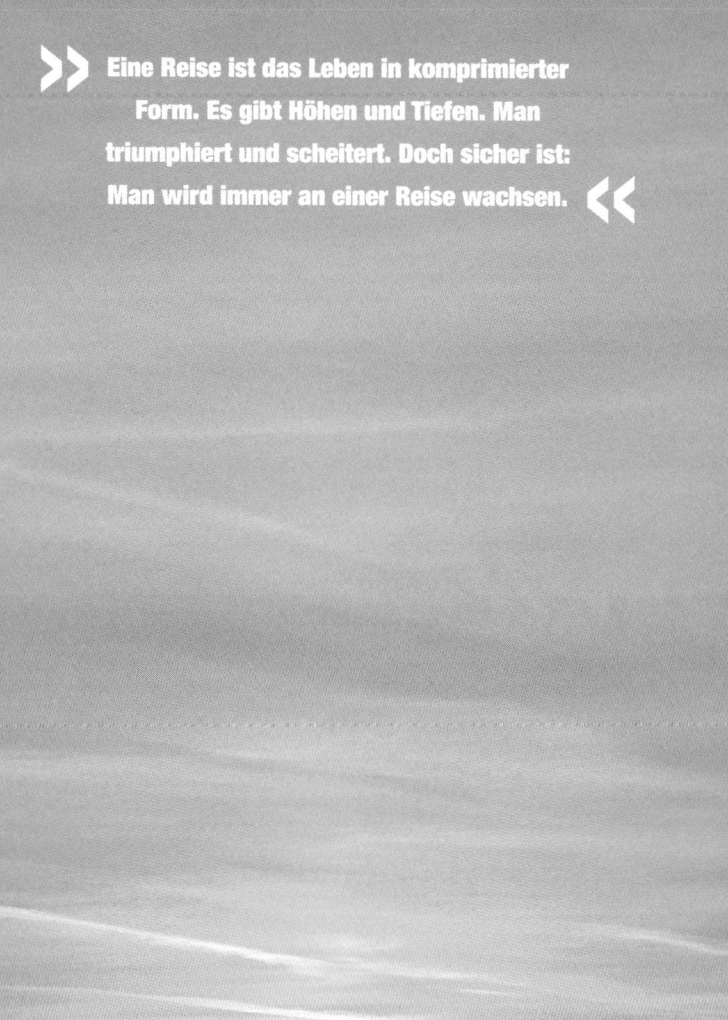

>> Eine Reise ist das Leben in komprimierter Form. Es gibt Höhen und Tiefen. Man triumphiert und scheitert. Doch sicher ist: Man wird immer an einer Reise wachsen. <<

Impressum

Die Autoren

Aylin Krieger, geboren 1985, ist eine passionierte Weltenbummlerin. Die Bremerin lebte während ihres Studiums in Mexiko und der Türkei und bereiste viele Länder mit dem Rucksack. Aufgrund ihrer Faszination für ferne Länder und Gesellschaftssysteme studierte sie Kulturwissenschaft an der Universität Bremen.

Stefan Krieger, geboren 1981, wuchs in Stuttgart auf. Er begeisterte sich schon früh für Individualreisen. Durch längere Aufenthalte in den USA und Mexiko entstand ein Bezug zum amerikanischen Kontinent. Dieser wurde durch das Studium der Fächer Amerikanistik und Romanistik an der Universität Tübingen weiter gefestigt.

Aylin und Stefan Krieger veröffentlichen regelmäßig Reiseberichte und Fotografien auf ihrem Blog *Today We Travel* (www.todaywetravel.de). Sie sind Stammautoren für das Onlineprojekt *Reisedepeschen*, das 2011 mit dem Online Grimme Award ausgezeichnet wurde. 2014 verarbeiteten sie die Heimkehr von einer eineinhalb Jahre langen Weltreise in dem Buch *The Travel Episodes*, das im Piper Verlag erschien.

Verantwortlich: Marianne Huber
Redaktion: Dr. Juliane Braun
Layout und Illustrationen: Eva-Maria Klaffenböck
Umschlaggestaltung: Frank Duffek
Korrektorat: SAW Communications, Dr. Sabine A. Werner
Repro: LUDWIG:media
Herstellung: Bettina Schippel
Printed in Slovenia by Florjancic

Sind Sie mit diesem Titel zufrieden? Dann würden wir uns über Ihre Weiterempfehlung freuen. Erzählen Sie es im Freundeskreis, berichten Sie Ihrem Buchhändler, oder bewerten Sie bei Onlinekauf. Und wenn Sie Kritik, Korrekturen, Aktualisierungen haben, freuen wir uns über Ihre Nachricht an Bruckmann Verlag, Postfach 40 02 09, D-80702 München oder per E-Mail an lektorat@verlagshaus.de.

Unser komplettes Programm finden Sie unter 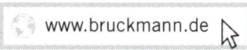 www.bruckmann.de

Alle Angaben dieses Werkes wurden von den Autoren sorgfältig recherchiert und auf den neuesten Stand gebracht sowie vom Verlag geprüft. Für die Richtigkeit der Angaben kann jedoch keine Haftung übernommen werden.

Bildnachweis: Alle Bilder des Umschlag und des Innenteils stammen von Aylin und Stefan Krieger, außer: Picture Alliance (Ulrich Baumgarten): S. 73; Shutterstock: 150 (1000 Words), 32 (Alberto Loyo), 15 (Avatar_023), 20 (Ayamik), 43 (Boris Stroujko), Umschlagvorderseite o.re. (dimbar76), 49 (Eky Studio), 183 (GillianVann), 141 (Grisha Bruev), 106 (Jess Kraft), 116 (Radiokafka), Umschlagvorderseite u.re. (RuthChoi), 173 (Songquan Deng), Umschlagvorderseite o.li. (sculpies); Illustrationen Umschlag und Stempel Innenteil:: Shutterstock.

Die Deutsche Nationalbibliothek verzeichnet diese Publikation in der Deutschen Nationalbibliografie; detaillierte bibliografische Daten sind im Internet über http://dnb.d-nb.de abrufbar.

ISBN 978-3-7343-0915-1